新装版　大黒天信仰と俗信

本書は、小社刊『大黒天信仰と俗信』を

誤植等の訂正を行った上で、新装版として版を改めたものです。

（編集部）

【刊行履歴】

『大黒天信仰と俗信』一九九三年刊

はじめに

異国の神でありながらまったく日本化して、庶民に最も親しまれて信仰を集めているのが大黒天である。

我々が身近に感じて敬愛する大黒天はふくよかな顔貌に、見る人の心を和《なご》ませるような笑顔をして福耳という大きな耳をもち、ベレー帽状の頭巾をかぶり、中古の服装をして米俵の上に立っているお姿である。

背中にはいかにも人々にあたえる物が入っているような大袋を背負い、その袋の口を左手で握り、右手は人を叩くとは決して見えない砧《きぬた》状の小槌を持っている。この小槌は財宝を振り出すパワーのある小槌であると我々は親たちから教えられてきた。台座である米俵は豊穣のしるしである。

このように人々を喜ばす道具立てがそろっているから誰でも福の神と直感することができる。

仏神のなかには施福の神は多く、それらの神はだいたい掌に如意宝珠を持っている。しかし如意宝珠は、いくら意のごとく願いを叶えてくれる絶大な威力のある玉だと説明されてもあまりピンとこない。単に珍しい宝玉だとしか映じないのである。

その点大黒天の道具立ては、サンタ・クロースのように何か人によいものをあたえるために、大袋を背負っているように見えるし、打出の小槌のパワーは理解できなくても、人を訪問するときにノックする道具であるとも思うであろう。

そういう見方だけでも、大黒様は一軒一軒尋ねて行って人々の喜ぶものをあたえて下さる神様に見える。

だから仏教神であることを知らなくても、何か人に仕合わせをあたえて下さる親しみ深い神様であると認識することができる。

事実、大黒天は日本においては約千年の長い歴史を経て人々に親しまれ、福神としての代表的立場を築いてきている。

しかし大黒天の本来の姿ははじめから福神として信仰される対象であったのであろうか。大黒天のルーツは実は日本でなく、二千年以前にインドにおいてつくられた神であり、その性格もまったく正反対の恐ろしい魔神たちの支配者であったことから出発し、ヒンドゥー教ではいまだにその面影を残したまま信仰されている。

大黒天信仰がインド宗教圏の南方に伝わり、中国に伝わった頃には厨房守護の神となり、日本に伝わってからは、日本古来の神と習合するなどして急速に福の神としてのみの道を歩みはじめ、ついに福徳豊穣を願う民衆から厚い信仰をうけるような日本独特の大黒天となってしまった。

もはや仏教の経文に説かれるような大黒天ではなく、民衆の願望から形成された、民衆の夢を託した大黒様であり、最高の福神である。

長い歴史の間に大黒天と民衆とのかかわり合いがいかなる軌跡をたどってゆき、民間信仰に定着していったかを述べたのが本書の要旨である。

目次

はじめに…………3

第一章　大黒天とは…………10
大黒天のイメージ…………10
大黒天とは…………12
恐ろしい大黒天…………16
経文に記された大黒天…………20
闘戦神としての大黒天…………22
厨房の神に変じた大黒天…………25
福神化しつつある大黒天…………27
日本風俗に同化しつつある大黒天…………30
日本人のつくりあげた大黒天…………38
大黒天に対する現代の見解…………43

第二章　日本の大黒天の諸相……45
三面大黒天……45
六大黒天……54
走り大黒……60
第三章　マハーカーラとしての大黒天……62
インド・ネパール・チベットの大黒天……62
山岳部信仰の大黒天と平野部信仰の大黒天……70
第四章　日本の大黒天の像容……74
日本の大黒天……74
性神とも見られる大黒天……86
大黒天の台座……104
大黒天を彫る用材……106
大黒天の功徳……111

第五章　大黒天に関連するもの……119
大黒天と鼠……119
大黒天と道祖神と田の神……123
大黒天の名に因んだもの……130
大黒舞　大黒傘　大黒頭巾　大黒煎餅　大黒銀　大黒歯
大黒柱　大黒・梵妻　大黒薯・大黒占地　大黒連歌
第六章　大黒天に関係のある神々……141
シヴァ神……141
大自在天（摩醯首羅天）……149
伎芸天……152
伊舎那天……155
大国主命……158
恵美寿・大黒……161

第七章　七福神……171
七福神とは……171
毘沙門天……175
吉祥天……178
福禄寿……182
寿老人……183
布袋……185
宝船……187
熊手……191

おわりに……195

第一章　大黒天とは

大黒天のイメージ

日本における大黒天は最も広く民衆に親しまれている神である。仏教のなかの位置づけは別として民衆からは福神として尊崇され、七福神のなかに組み入れられたり、また夷《えびす》大黒の一セットとして現代でも代表的福神である。

我々の馴染んでいる大黒天のイメージは、俗にいう大黒頭巾というベレー帽状の冠物《かぶりもの》をつけ、狩衣《かりぎぬ》に似た上衣に、膝下を足結《あゆい》（紐でくくる）とした袴をはいて沓《くつ》をはき、右手に宝を打ち出す小槌、左手に宝を入れた大袋の口を握って背負い、二つ並べた米俵を片足ずつ踏んで立っている姿である。その顔貌は豊かで満面に笑みを浮かべ、眉・口髭は垂れて耳は福耳、見るからに福をあたえてくれそうな感じであるから、親しみをこめてお願いしたくなる神である。

こうした福神は日本古来の神であろうか、あるいはまた、天と名付けられることによって仏教の天部の神であるのかと穿鑿することなしに、漠然と福を願う対象の神として信仰されている傾向が強い。

日本における大黒天の存在およびその尊像はまったく特殊のものであり、我々の見ている大黒天はあくまでも日本仏教の弘通《ぐづう》する過程において、日本的に民衆の願いから形成された大黒天にほかならない。

我々の認識する大黒天は福神そのものであって、大黒天の本体とはまったく異なっていることに注目する人は少ない。

大黒天の本体はマハーカーラというインド古来の神である。マハーは大、カーラは時または暗黒の意で、経典に飜訳されたときに大黒と訳され、天部の神のなかにふくめられたので大黒天と称するようになったもので、インドの仏教やヒンドゥー教のマハーカーラはその古い信仰形態を残しているので、その相貌も性格も日本における大黒天の尊像や性格とまったく異なっている。

日本ではマハーカーラの意訳である大黒天という名称をそのまま用いているが、あくまで福神としての独特の分野において展開されている。

日本に仏教が伝わり、やがて広まっていく過程において、大黒天の存在も認識され、密教においてはインドからネパール、チベット、中国に伝播されつつ多少の変化を見せたものの大黒天の本態が残されているが、民間に信仰の対象として広まった頃から、神仏混淆の風潮によって加速度的に日本的大黒天に変貌していった。

なぜ大黒天信仰が、日本国内において、伝播していく過程で、日本的大黒天に変貌していったかは甚だ興味ある問題である。

大黒天とは

大黒天とはインドおよびその周辺の国々ではマハーカーラ（Mahākāla）といい、マカカーラ（Makākāla）と呼ぶこともあり、中国に仏教経典が入って飜訳されたときには摩訶迦羅の文字が当てられている。

マハーは大の意で、総べてであり宇宙をも意味する。カーラは時で、時間的空間である。『理趣経釈』にも、

摩訶迦羅は大時の義なり。時は三世無障碍という義なり。是れ毘盧遮那法身の無所不遍なり

とあり、大時の意である。時間はあらゆるものを抱括して零に導くことから、あらゆるものの時を支配する神の意になり、またカープは死をも意味する。つまり死に神の意をも持つ。

また『大日経疏』には、

摩訶は大にして、迦羅は黒暗と翻ずるが故に通して大黒と称するなりとある。大時は零の世界であり、光明もない暗黒の死の世界であるから、カーラは黒の意ともなり、直訳すれば大黒となる。

大黒の世界を支配するのは死の大王であるから、この解釈からいうと、大黒天は死の支配者ということになり、日本における福神の最たるものとは雲泥の差がある。

このマハーカーラが死に神の大王であることをうかがわせるのは『孔雀王経』などによってもわかる。

この恐ろしい大王はインド神話にもでており、インド神話中の三大主神のなかのシヴァ神の分霊ともされる。

シヴァ神は毎年インドを襲うモンスーン（季節風）を神格化した神で、物凄い破壊力を示す神として恐れられる反面、再生の恵みをあたえる神としてヒンドゥー教では広く信仰され、破壊と建設の輪廻を示す神であるが、この破壊とそれによってもたらされる死を掌どる神として分霊されたのがマハーカーラであるから、最も恐ろしい神である。

では恐ろしい神がなぜ信仰されるかというと、恐ろしき災厄を逃れたいために恐れうやまい、わざわいのこないように祈ることから、わざわいを避け得られたときにその仕合わせを感謝する意味が生まれ、やがてその霊威をなだめ慰めて福を得ようとする、マハーカーラが福神に転じる萌芽はここから発する。

特に日本においては御霊信仰が古来より盛んである。御霊信仰とは、悲惨な目に遭って死亡した者や不慮の死によった者の怨霊を鎮めるために神社に祀り、祟りのないように祈りそれはやがて福分を得るように願う傾向があった。それと同じである。

この思想は世界的にみられるが、恐ろしい神ほど、反面に善神として施福の力が強力であるという考え方で、インドやネパール・チベット方面でもこうした思想からマハーカーラは厚く信仰されている。

シヴァはインド神話においてもいくつかの変身と別名があり、破壊と再生建設と恵みにもいくつかのパターンがあって、そのときの状況において性格も異なるので、それらがそれぞれ独立した神に見られる。

シヴァの夜の姿がマハーカーラ（大黒天）となったごとく、仏教に取り入れられてからはシヴァは大自在天（摩醯首羅天《まけいしゅらてん》）となり、その忿怒身が伊舎那天となり、マハーカーラは伊舎那天の眷属とされたりする。

またシヴァの妻は数多くいるが、大別するとデーヴィー（Devi）とカーリー（Kari）の二系統に分けられる。デーヴィー系はマハデーヴィー、パールヴァティー、ハイマヴァティー、ガウリー、ウマー、パウアーニー、ジャガンマーター等で、カーリー系はドウルガー、シュヤーマー、チャンディー、パイラヴィー、チャームンダ等であるが、一般的にシヴァの妻として普遍的に聞こえているのはパールヴァティーである。

そしてシヴァが昼の姿の神であるときにはパールヴァティーが当てられ、夜の姿（マハーカーラ）のときにはカーリーが適合する。

したがってマハーカーラ（大黒天）の妻は深悪神カーリーが当てられ、カーリーガット（Calighatta）といわれ大黒天女といわれる。カーリー（迦利・迦哩）は黒い女、黒色、ヨーニの意であるから大黒天の黒と合致する。

インドの地名のカルカッタはカーリーガットの名によるが、ここの神殿には大黒天の水浴場というのがある由で、ここでは毎朝羊を屠殺して、その血をカーリーの神像に塗る宗教儀礼が行われているという。

マハーカーラが生血生肉を好むと同じで、カーリーガットも血を好む婬女神であるから似た者夫婦であって、日本の大黒天とはまったく異なった性格である。

大黒天が仏教に取り入れられた当初は、マハーカーラの恐ろしい性格がそのまま伝えられているが、時代を降るに従って性格の変化が見られ、南方・中国を経ているうちに徐々におとなしい神となり、ついに日本においてはまったく平和な福神に変わってしまっている。

しかし仏教に取り入れられる時点では、インド神話による恐ろしい神であるために、仏神のなかで一番低い天部の神におかれているのである。

古代インドは次々と侵略者によって征服され、被征服者は身分の低い者にされたカースト制度があるために、万民平等に慈悲を垂れるべき仏教においてもランク付けがある。

天部の神々は、ほとんどインド原住の被征服民族の信仰した土着の神、産土《うぶすな》の神であり、仏法弘通の方便上、古代からの土着の神の存在を無視し得ぬために、仏法に帰依した神として存続せしめたのである。

したがって最高を如来とし、菩薩・明王・天部の四段階とし、明王と天部の神は土着の神である。しかし如来も菩薩も時によっては方便をもって明王や天部の神にも変身するし、天部の神も菩薩に変身する。

恐ろしい大黒天

マハーカーラ（大黒天）が恐ろしい神であったことをうかがわせる片鱗は『孔雀王経』に見られる。

鳥屍尼国国城之東有レ林　名二奢摩奢那一　此云二尸林一其林縦廣満二一由旬一有二大黒天神一是摩醯首羅変化之身　與二諸鬼神无量眷属一常於二夜間一遊二行林中一　有二大神力一多二諸珍宝一有二隠形薬一　有二長年薬一遊二行飛レ空一諸幻術薬與レ人貿易　唯取二生人血肉一先約二斤両一而貿二薬等一若人欲レ往先以二陀羅尼一加二持其身一而往　貿易若不二加持一　彼諸鬼神乃隠レ形盗二人血宍一令レ減二斤両一即取二人身上血宍一随取随尽不レ克二先約一乃至取二尽一人血宍一斤両不二充薬不レ可レ得　若加持者　貿二得宝具乃諸薬等一随意所為皆得二成就一若

嚮祀者唯人血宍　彼有二大力一即加二護人一所作勇猛闘戦等法皆得レ勝也　故大黒天神即闘戦神也

とある。これを要約すると、天竺の烏屍尼《うしに》国の国城の東に奢摩奢那《しゃましゃな》という屍体を捨てる大森林があり、その広さは一由旬もある（一由旬とは古代インドにおいて帝王の軍隊が一日に行軍する距離で、四十里とも三十里とも十六里ともいわれている。『維摩経』では上由旬六十里、中由旬五十里、下由旬四十里としている。喩繕那〔Yojana〕の漢訳語）。

そこに大黒天神が住んでいるが摩醯首羅天《まけいしゅらてん》の変身した姿である。摩醯首羅天も大自在天も仏教以前のシヴァ（湿婆　Siva）のことであるから、シヴァの夜の姿がマハーカーラ（大黒天）である。

この大黒天は鬼神を従え無数の眷属を有している夜の大王、死に神の支配者であるから、いつも夜になると人の屍骸の満ちた奢摩奢那の大森林の上を飛行して廻っている。

測り知れない大神通力を持っていて、沢山の珍しい宝物を持っている。

こうした点に日本の大黒天が宝の袋や宝を打ち出す小槌を持つ発想が潜在している。

このほかに身を隠すことのできる薬とか、長生きできる薬を持っている。黒暗の神であるから隠形の薬もあるであろうし、死に神の支配者であるから、人の寿命を操作することもできる。不老長寿の薬を持つことも当然である。

また不可思議な事をして人を驚かせることのできる薬も持っているから人々は皆これを欲しがる。故に大黒天が屍林の上を飛行遊行しているときに人々はこの薬を得たいために集まって来るが、このときの条件は好みの薬をあたえる代わりに生きた人間の血や肉を要求することである。人はその血や肉の目方や量によって、それに適当する分の薬があたえられる。

茶吉尼天も人の血肉を摂取したので、大日如来が大黒天に命じて茶吉尼天を懲らしめさせ、死肉のみ食ってよいとしたと『大日経疏』に記されている大黒天が、屍林の屍肉では飽き足らず、秘薬をあたえる代わりに人の生き血・生き肉を要求するのは少し片手落ちであり、大黒天も如来から罰せられるべきであろう。茶吉尼天は、本来地母神的妖媚の、土地豊穣の神であったものが、ヒンドゥー教や仏教に取り入れられ人を食う恐ろしい神通力の神とされたが、インド神話に登場する頃はシヴァの妻カーリー（Kali）の侍女的立場にされてしまっているからその存在は小さい。

しかるに茶吉尼天を嚇して懲らしめた大黒天は、シヴァの変身だけあってその存在は大きく大神通力を有し、また戦闘を好む殺伐な神であるから大日如来も懲らしめることができなかったのであろうか。

時を掌どり死に神の支配者でありながら、人間の血肉と取引して秘薬をあたえるという、神にしては珍しく商人的である。

もっとも人間は神仏に願いを叶えてもらうためにいろいろと多額の奉賽をしたり、わずかでもお賽銭や物品を奉納する。

これは神仏が要求するのではなく、願う人が挨拶代りや願い料として上げるのであるから取引ではないが、なかには取引として奉賽する者もいる。しかしこれはあくまでも人間側からの考えで行うことであるが、大黒天の場合には秘薬が欲しくば人の生血生肉を提供しろというのであるから交易・取引であり、仏神のなかでこうした存在は珍しい。

しかも甚だ恐ろしい神でその悪い威力は近づくとたちまち身に及ぼすので、それを避けるためには陀羅尼（真言）を唱え、呪文を誦して仏に加護を祈って身を護り、大黒天の悪害をうけないようにして近づき、そして自分の血や肉を提供すれば、その斤量に応じた願うところの秘薬があたえられるのである。もし加持もせず陀羅尼も唱えずして近づいたら、大黒天の眷属の鬼神が姿を見せずに近寄ってたちまちその血や肉を奪ってしまうから、秘薬ももらえず命をおとしてしまうという厄介な神である。

また取引に対して血肉の量を誤魔化したり不足の量を差し出すと、その不足の分だけ削り取られて結局何も得られないばかりか、おそらくその傷がもとで生命を失うであろう。

陀羅尼を唱えて身を防護し、得たい薬の価値の分だけの血肉を提供すれば目的を果たすことができ、その薬によって願っていることが叶えられる。

大黒天はこうした大神通力のほかに誰よりも勝れた力を持っていて、信心する人を護ってくれ、敵に対して勇猛果敢絶対不敗であるから、戦う武人などはその加護を願うために厚く信仰するから闘戦神でもある。

こうした実体の神であることがわかると、日本における大黒天とまったくイメージの違う恐ろしい神であることがわかるであろう。

経文に記された大黒天

また大黒天が仏教のなかの天部の神のなかに組み込まれてもなお血肉を啖《くら》う恐ろしい存在であったことは『大日経疏』第十に、

毘盧遮那降伏三世の法門を以て彼（荼吉尼天）を除かんと欲するが故に、化して大黒天神と作《な》り、彼に過ぎたる事を無量にして示現し、灰を以て身に塗り、曠野の中に於て、術を以て悉く一切の法を成就して空に乗じて水を履《ふ》み、皆礙《こ》ることなく諸《もろもろ》の荼吉尼を召して之を呵責す。汝常に人を噉《かん》するが故に、我れ今汝を食すべしと。即ち之れを呑噉す。伏して彼を死せしめず。伏し已《おわ》って之を放ち悉く肉を断たしむ（訳文）

とある。大日如来は荼吉尼天があまりにも多くの人の生血生肉を求めて啖《くら》うので、こらしめてやろうと大黒天の姿に変じた。そして荼吉尼天よりはるかに強い通力があることを示そうとし、身に護摩の灰を塗り、広野のなかに行って荼吉尼の眷属どもを呼び集め、叱っていうのには「お前たちは日頃人間の生血を啜り生肉を啖《くら》って人間を苦しめ殺している。それがどんなに悪いことか、殺されるということがどんなに辛いことかお前たちに思い知らせてやる」といって荼吉尼を捕えてひと口にこれを噛んだ。

しかし噛み殺すことをしないで、口のなかで散々苦しめたので荼吉尼は前非を後悔して今後一切生きている人の血肉を啜り啖いませんから許してくださいと懇願するので大黒天は許してやった。ところが荼吉尼は自分たちが人間の生肉を啖わなければ生命力を保てないから、何か食う方法をお教えくださいと頼むので、大日如来は、「それなら人間が死んでからの肉なら食べてもよい」と許した。また荼吉尼がいうのには人間が死ぬと、自分たちがこれを食べようとする前に他の夜叉たちが来て食べてしまうから、自分たちは屍体も食べられないと訴えるので、大日如来は、「それでは人間が六ヵ月後に死ぬという運命の予知力をあたえてやろう」といった。これで荼吉尼天は予知力を備えるようになったというのである。

この話は少しおかしい。大黒天は『孔雀王経』にあるごとく、生きた人の血肉と大黒天の持つ秘薬と交換する神である。つまり同類である。大日如来は大黒天を罰しないで、大黒天をして荼吉尼の行為を懲らしめさせるというのは片手落ちである。

大黒天も当然罰せられるべきである。『孔雀王経』に記されるごとく大黒天には陀羅尼を誦して加持をして近づいて行かなければ、その悪害が身に及び、要求したとおりの血肉を差し出さなければこれも取り上げて秘薬もくれないという恐ろしい神で、こうした面から見ると性質は悪辣である。大黒天こそ罰せられ懲らしめられるべきである。

大黒天も荼吉尼天も同類であり、ともに死に神である。小さい死に神が大きい死に神によって懲らしめられた話にすぎないが、なぜ仏教説話としての経典のなかに人肉を食うという恐ろしい話がでてくるのであろうか。これははるかに古い時代のインドに食人風習があったとも考えられ、それが言い伝えられて、宗教説話の悪虐な存在の部類のなかに生かされてつくられたものであろう。

そして、大黒天の過去の姿が人の生血生肉を啖啖したことによって、大日如来が大黒天に変じて荼吉尼天を懲らしめたものかと思われる。つまり、荼吉尼天を懲らしめた頃の大黒天はもう人の生血生肉と秘薬とを交換せず、偉大な闘戦力のみを発揮する神になっていたものと思われる。

闘戦神としての大黒天

こうした恐ろしい神である表現はインド・ネパール・チベットにおけるマハーカーラの尊像や画像、曼荼羅図に表現されたり、密教の経軌に描かれているが、いろいろの経に大黒天が説かれていくうちに、その性格は少しずつ変貌していく。

『仁王経』良賁疏下一巻護国品に、

大王昔天羅国王有二一太子一名曰二班足一登二王位一時有二外道師一名為二善施一與レ王灌頂乃命二班足一取二千王頭以祀二塚間摩訶迦羅大黒天神一云云

とある。昔インドの天羅国大王の子に班足太子という人がいたが、王の位に即くときに善施という外道師がいて王と信仰に入るための灌頂の儀式を行ったが、そのときに千の王の首を取って来て塚に祀ってある摩訶迦羅神に供えよと命じられたが、この摩訶迦羅神が大黒天神なのであるとしているからマハーカーラ信仰は相当古かったことがわかるが、屍林を遊行して人の血肉の取引をするということは記されていない。そしてこの経の解《げ》に、

言二塚間一所住処也　言二摩訶一者此翻云レ大　言二迦羅一此言二黒天一上句梵語也　下句唐音大黒天神闘戦神也　若礼二彼神一増二其威徳一挙レ事皆勝故嚮祀也　何以知者三蔵引二梵夾一云

と説き、摩訶迦羅すなわち大黒天は闘戦神であるといっている。

これをもってみると、日本の大黒天が福相で施福の神の代表のごとくに表現され、つまり平和幸福の神のごとく思われているのとまったく逆であることがわかる。

古くは人の生血生肉を好み、闘争心旺盛で、やがて闘戦神のごとく思われるようになっていく。したがって日本においても武将のなかには大黒天を信仰する者も稀にあったのは闘戦の神としての対象からであろう。

その例として徳川家康は夢に大黒天を見て吉夢とし、奈良の甲冑師岩井与左衛門に命じて大黒頭巾形《なり》の兜を用いた具足をつくらせた。

これを御夢想形または御霊夢形といって大切にした。この具足は天正十二年（一五八四）に家康が羽柴秀吉と小牧・長久手で戦ったときに、勝川という所でこの具足を着用して大勝

したので勝川の具足と名付けられた。

徳川家では縁起のよい具足として神器扱いにして江戸城紅葉山の御具足蔵に納めて御具足奉行が管理し、幕府存続中は毎年正月の具足餅開きには必ずこの具足を江戸城本丸黒書院に飾って、将軍以下諸役人がこれに礼拝する儀式が行われた。また将軍御代替りごとにこの具足と同形のものがつくられたので、現在十三領の将軍用の大黒頭巾形兜の具足が伝わっている。

家康はまた天正十年（一五八二）に信長に招かれて上洛した帰りに堺に寄ったが、そのときに信長は明智光秀に襲われて殺された。家康も身の危険を感じて奈良を通って三河国に戻る途中、漢国神社に大黒頭巾形の兜のついた具足を奉納して加護を頼んだ。故に家康は大黒頭巾形の兜の具足を二領持っていたことになる。また奈良の甲冑鍛工春田の一派が紀伊国（和歌山県）雑賀（現和歌山市内）に移って、俗にいう雑賀鉢という兜を多く製作したが、これは大黒鉢ともいわれていることは、武人間にも大黒天信仰が盛んであったことを物語るものである。

但しこれらの大黒天信仰は古い形態の大黒天を表徴したものでなく、あくまでも日本的発想から形作られた大黒天であるから、福神的に見られていた時代にもかかわらず闘戦神としての観念がいまだ残存していたのである。

チベットでは今だに闘戦神として見ているから、家の入口に魔の侵入を防ぐよう守護神として置かれる。

厨房の神に変じた大黒天

大黒天が暗闇の神として、闘戦神として恐ろしい存在であったのが、仏教に取り入れられてから少しずつ変貌して、やがては食厨の神として人々の食生活を保証する神と見られるようになったのはインドからで、これは仏教が南方に普及した頃はすでに恐ろしい神としての姿は失われていた。

一方ヒマラヤ山脈からチベットにかけてはヒンドゥー教や、ヒンドゥー教色の強い仏教においての大黒天の存在は依然として恐ろしい神であり、闘戦の神でもあった。

ネパール・チベット方面におけるマハーカーラは旧態どおりの恐ろしい神で、これは現在にいたっても恐ろしい神としての信仰である。

一方インドから南方に伝播した仏教のなかのマハーカーラは、食厨の神に変化して厚い信仰をうけるようになった。

当時の中国はこの二系統のマハーカーラが入ったが、経典が翻訳される時点で大黒天と名付けられ、日本は食厨の神として伝播された。しかし中国で密教を学んだ高僧たちは、ヒマラヤルートによる恐ろしいマハーカーラの形態を持つ大黒天の存在も知っており、経軌をもとした大黒天の像は、中国的に咀嚼されながらもインドの大黒天の古い姿をとどめている。南方ルートによって中国に入った大黒天については、唐の義浄が、インドで修業し中国に帰国する途中、アジア大陸の東南岸の港々に立ち寄って、これらの地で大黒天が祀られていたことを記している『南海寄帰内法伝』に、

西方諸大寺処　或於二食厨柱側一或在二大庫門前一彫レ木表レ形　或二尺三尺　為二神王状一坐把二金嚢一却二踞小床一一脚垂レ地　毎将レ油拭　黒色為レ形　号曰二莫訶歌羅一即大黒神也古代相承云　是大天之即属性愛三宝護持　五衆使無損耗　求者称情　但至食事　厨房毎薦　香火所有飲食　随列前於云云

と記されている。西方の諸大寺とは中国から見た西方であるが、海路を迂回したために西南方を西方と見たのであろう。

　これらの寺院の厨房や、食糧を入れる倉庫の門前に木彫の七〇センチから一メートルぐらいの大黒天像が祀られている。それは神王の形をしていて腰掛けた姿で片手に金を入れた袋を持ち、半跏趺坐していて片足は垂れているとしている。常に油で拭いているから黒光がしている。この神の性格は仏・法・僧の三宝を愛してこれを護り、五衆をも守護する有難い神である。この神の功徳を得るために常にこの神の前には香華を絶やしたことがない。

　この記述からうかがうと、滋賀県秦荘町明寿院所蔵の半跏趺坐の大黒天像を想わせる神像であるから、明寿院の大黒天像は日本に伝わった大黒天像の古い形式であることがわかると

ともに、南方ルートから中国に伝わった大黒天像の系統であることがわかる。

福神化しつつある大黒天

さきの『南海寄帰内法伝』に記されたような大黒天の尊像と、その性格が日本に伝わったのであるが、言い伝えでは、平安朝の初めに最澄（伝教大師）が入唐して修業し、帰朝したときに大黒天の示現をうけて、そのお姿を比叡山の止観院を創設したときに政所《まんどころ》の大炊屋《おおたきや》に安置したのが一番古いとされている。

その大黒天は三面六臂の大黒天であると伝えられているから、後世の三面大黒（武門大黒天といわれ、中央・大黒天、右・毘沙門天、左・弁才天、つまり三神合体の大黒天）ではなく、インドにおける大黒天像や、ネパール・チベットでヒンドゥー教の信奉する初期の姿の大黒天であったと思われる。つまり密教の画像に見られる（たとえば『大正大蔵経図像』に見られる）、裸形の三面六臂の忿怒像のごとき姿であったものと思われる。

後世の三面大黒はこうした姿を日本的に融合した結果と思われ、それは神仏混淆の結果からつくられていったものであろう。

たまたま弁才天は平安朝時代に入って独尊として祀られるようになり、弁才天の脇侍には十五童子あるいは十六童子が付属し、さらに毘沙門天と大黒天が侍立するようになったので、鎌倉時代頃からこの三天を合して一体となし、古い時代の三面大黒に代わって生じたのが武門大黒天という日本的三面大黒天であろう。

平安時代は本地垂迹の説が盛んで、大黒天も日本古来の神である大国主命と習合することによって、大黒天の日本化が急速に顕著なものとなった。

そうした結果つくられたのが『大黒天神法』という経である。

膚色悉作二黒色一頭令レ冠二烏帽子一悉黒色也　令レ著レ袴　躬褰不レ垂　令レ著二狩衣一裙短袖細　右手作レ拳　令レ収二右腰一左手令レ持二大袋従レ背令レ懸二肩上一其袋之色為二鼠毛色一云云若吾安二置伽藍一日々敬供者　吾等中令レ往二衆多僧一毎日必養二千人之衆一云云若人三年専心供レ吾者　吾必此来　供人授二世間富貴一乃至官位爵禄

とある。大黒天の皮膚は黒色である。頭には烏帽子を冠り袴をつけ狩衣を着ている。狩衣の裙は短く、袖細である。右手は拳を握って右腰に当て、左手は背に背負った大袋の口の方を持っている。全身すべて黒色であるが、袋は鼠色であると説いている。ちょうど奈良県奈良市此瀬町公民館所蔵の大黒天像のごとき尊像を彷彿させる。烏帽子とか狩衣というのは明らかに日本的服装で、『南海寄帰内法伝』に記された「神王形」とはまったく異なる。神王形とは神将形を意味するからある程度の武装像で、神将の武装形は中国の唐時代の武装で、毘沙門天や十二神将像に見るところである。滋賀県秦荘町の明寿院の大黒天像がこれに当たるが、烏帽子、狩衣（但し袖細）、袴というのは明らかに平安朝時代の狩衣姿で、烏帽子はおそらく奈良朝時代の幞頭の帽子の意味であろうし、袖細の狩衣というのも奈良朝時代の炮の形を意味したものであろうから、日本神話の大国主命と習合した時点においてこうした日本的服装に変化したものであろう。そして厨房の神に祀られるようになって、『孔雀王経』にあるような残忍な様相はなくなり、厨房や倉庫を守って人間の生活を保証する神に変化したために武装像となったが、大黒天信仰が広く民間に普及するにつれて、さらに日本神話の神と同じような服装に近づいてくる。そして服装の変化とともに性格も施福の神に変わってくる。

したがって武器らしいものは持たずに、拳印をつくるようになる。

また厨房に祀るのではなく伽藍（寺）に安置して、毎日敬服礼拝してお供えをして厚く信心すれば、多くの住僧がいても毎日千人分の食糧を確保してやるという功徳を示すようになる。

そして信者が三年間毎日欠かさずに香花を供え厚く信仰すれば、大黒天はその誠意を汲んで、それに報いる功徳として姿をあらわし、その者に世間でいう富をあたえ、または官位や地位とそれに相応しい禄をあたえて満足せしめるであろう、とまったく福神としてのスタイルに変わってしまっている。

また『摩訶迦羅経』では、

僧俗我体を刻み崇敬スルモノニハ　八万四千ノ福徳神ヲ遣ハシ　十方二遊行シ　毎日千人ヲ供養セシム

とあり、これも僧侶でも世俗の人でも吾が像を彫刻して祀り、厚く信心すれば必ず功徳を授けることを約束し、「信心しなさい。そうすれば叶えられる」ことを強調するようになり、まったく人々にとって施福の神であって被害をあたえない善神となっている。

こうした日本化した大黒天については『渓嵐拾葉集』に、大黒天法「山門相承大黒　不レ依二本経儀軌一山家御感見様ヲ作給　高祖大師我山開闢時　大地六様震動　下方空中一人老翁涌出　其形今改所大黒相貌是也　此身是堅牢地神也」とあり、これによると日本的大黒天は伝教大師が感得したときからの姿のままであるということになる。

日本風俗に同化しつつある大黒天

大黒天像が日本的服装に移行しはじめたのは異例もあるであろうが、だいたい平安時代中期頃と推定される。

たとえば福岡県太宰府観世音寺に祀られている大黒天像は樟材一木彫りの立像であるが、日本的服装の像としては最古のものであろう。

その相貌は少し前かがみになって前方下方を見ているのは、信者を見おろす位置に安置するためにつくられたからで、額に皺を寄せ眉をひそめ、憂いと怒りをふくんでいるが、忿怒相ではない。しかもインドの仏教やヒンドゥー教のマハーカーラのごとく恐ろしい相ではない。頭には幞頭頭布《ぼくとうづきん》をかぶり、衣服は日本上代の上衣で、頸から背に布を巻き、腰に紐を結んで垂れる。袴は短めで、脛をあらわし沓を履いている。左手は肩から背にかけた袋の口近くを握って、右手は拳印で右腰近くにおいているのは果たして拳印であるか、持っていた杖が失われたものであるか不明である。

この形は後世の大黒天像に近いが、服装からいうと奈良時代の一般庶民の男性の服装である。こうした服装は大国主命と習合したことを示すものである。

永禄二年（一五五九）に藤原某の著した『塵塚物語』巻三に卜部兼倶の説として、

> 大国といふはもと大国主命なり。大己貴と連族にて、むかし天下を経営したまふ神なり。大己貴と同じく天下を廻りたまふ時、かの大国主袋のやうなる物を身に随へて、その中へ旅産を入れて廻国せらるるに、その入れ物の中の糧を用い尽しぬればまた自然に満てり。それによって後世に福神と言ひて尊むはこの謂なりと云云　しかしてそののち弘法大師かの大国の文字を改めて大黒と書きたまひけるとなり

とある。神仏習合して大黒天と大国主命とが同一視され、日本独特の大黒天信仰を生じたことはうなずけるが、日本古来の大国主命を弘法大師が大黒の文字に改めたというのは付会の説である。

しかし大国主命と大黒天が習合した背景があるからこそ、日本の大黒天の古い姿は日本の上代から奈良時代の服装になってしまったのであり、恐ろしい神格のマハーカーラが施福の

大黒天に変貌したのである。

さきにも述べたが、奈良県此瀬町公民館所蔵の大黒天木彫立像は僧衣袴に脛巾に沓姿で、頭には突盔形《とつばいなり》の頭巾をかぶり、福を施して炎暑のなかでも遊行して行くためか頭巾には日覆いの布が付けられている。背には大袋を背負って袋の口を左手に持ち、右手は右胸に当てた拳印であるのは、これも杖でも持っていたものであろうか。目と口を閉じて冥想的であり、後世のごとく老翁の面貌ではない。

遍歴姿に見えるから突盔形の帽子も、修験山伏のかぶる古い形式の兜布《ときん》にも似ている。

つまり諸国を遊行巡歴して、貧しい民衆や不幸な者に福をあたえたり願いを聞きとどけて

くださるという感じの姿である。

奈良市西大寺芝町一丁目にある真言律宗の総本山西大寺には、木造彩色の高さ八二・七センチの大黒天像がある。寺の記録によると建治二年（一二七六）叡尊が造立したとあるから、後宇多天皇の御代、北條時宗の時代、元軍が再度侵寇して来る六年前の作である。この像は大黒天神法にあるごとく、烏帽子をかぶり狩衣袴で、特殊なのは草鞋をはいていることである。

平安時代の大黒天（太宰府観世音寺）は奈良時代の服装で幞頭に沓であるが、この大黒天は烏帽子である。おそらく布烏帽子であるから揉《なえ》烏帽子と同じく頭巾状に頭の形なりに崩れて、先の方は後方に靡くように寝ている。この烏帽子がしだいに誇張されて左右にふくら味を持ち、やがて大黒頭巾と呼ばれるベレー帽状になるのであるが、もう一つの注目すべき点は脛巾《はばき》をつけて草鞋ばきのことである。

これは像内に納められた木製五輪塔や版本大般若理趣分一巻とともに、像高三・六センチの椅子の上に半跏趺坐する小大黒天像も同様である。この小像は大きい像よりも烏帽子が平たくなっているので、左右端が出っ張っており、脛巾に草鞋ばきであるのはあたかも旅人がひと休みしている形である。

つまり多くの人々を尋ねて歩き福をあたえる姿と見ることができ、西欧のクリスマスの前夜に贈り物を配って歩くサンタ・クロースに共通する感じである。

したがってもうきびしい顔や憂いをふくんだ顔貌ではなく、ふくよかな顔で耳たぶもふとっている。この時代頃から大黒天の尊像の形式は定着したことを物語るもので、後世の大黒天の原形ともいえるが、いまだ笑い顔とまでにはいたっていない。

また奈良県奈良市東大寺法華堂（三月堂）の手水屋の木彫大黒天像は、鎌倉時代の作とされ国宝に指定されているが、頭は僧形であるのは冠物をつけていたことがわかる。これは歴然と笑顔であるが髭がない。服装は狩衣姿で大袋を背負っているが、右手は親指を人差指と中指の間から覗かせた女握りという特殊の拳印である。

この女握りの拳印は世界的に見られ、それは女性器を意味したり、ときには侮蔑や嘲笑的意味や、霊力・威力の呪力としての意味を持つもので、マノフィカ（Manofica）と呼んでいる。この大黒天がこの拳印をあらわしているのは、信仰する大衆に対して侮蔑や嘲笑の意としてではなく、おそらく呪力を示す表現であったのであろう。大黒天と性的結合の観察は別項で詳しく述べるが、この大黒天像が日本で大黒天像として定着した形に一番近い。

そしてこの女握り大黒天像は、鎌倉時代から室町時代にかけて流行したらしく、次のとおりの遺物がある。
　奈良県生駒郡矢田の松尾寺安置の大黒天像
　奈良県奈良市興福寺南円堂脇の納経所安置の国宝の大黒天像
　奈良県磯城郡三輪神社安置の大黒天像
　滋賀県蒲生郡平田村下羽田の光明寺安置の国宝の大黒天像
　静岡県田方郡の修善寺安置の大黒天像
　このほかにも著名でない大黒天像で右手女握りはまだあると思われるが、江戸時代に大和国郡山藩家老で、風流人であり画家でもあった柳里恭の描いた大黒天画像は女握りに似た変わった拳印をしている。親指を四指で押さえた形である。これらは小槌を持つ以前の形を示している。
　こうした大黒天がなぜ打出の小槌を持つようになったかは諸説があり、喜田貞吉博士は『大黒神考』のなかで、大黒天の女握りは土の印相であって、ツチが槌に代わったものであると説いている。福神であるからには財宝を打ち出す打出の小槌で表現するのは相応しいかも知れない。また南方熊楠は『十二支考』の「鼠に関する民俗と信念」のなかで、槌は武器であるということを古今東西の諸例をあげて、
　厨神大黒もなかなか武備を怠りおらぬという標《しるし》に槌を持たせたのが、後には財宝を打出す槌とばかり心得らるるに及んだと見える。『仏像図彙』に見る通り、観音二十八部衆

の満善車王も槌を持ち、弁才天もまた槌を持つらしい。『大方等大集経』二二には過去九十一却毘婆戸仏《びばしぶつ》の時、曠野菩薩誓願して鬼身を受けて悪鬼を治す。金剛槌の呪の力をもって、一切悪鬼をして四姓に悪をなすあたわざらしむ。『一切如来大秘密王微妙大曼拏羅経』一には一切悪および驚怖障難を除くに、普光印と槌印を用ゆべし、とある。槌を勇猛の象徴としたほど見るべし

と記し、大黒天の槌は闘戦神なるが故に武器として持ったものとしている。

槌は確かに武器でもあったことは世界的にもうかがわれるし、日本でも古くから用いられていたことは、『日本書紀』景行天皇十二年の項に土蜘蛛退治の折、

則採㆓海石榴《つばき》樹㆒作㆑椎《つち》為㆑兵　因《よって》簡㆓猛卒㆒授㆓兵椎㆒

とあって、つばきの木でつくった槌を猛卒に授けて土蜘蛛を退治した記録もあり、南北朝頃は敵の城門破砕などにも用いられ、江戸時代の浮世絵に描かれた弁慶の七つ道具のなかに槌もあるから武器と見てよいが、こうした槌は両手で打つ、いわゆる掛矢であって、柄が長い。大黒天が武器として持つなら柄の長い槌でなければ不自然である。大黒天が闘戦神であったが故に、武器の表徴として槌を持たしめるのであるなら、もっと具体的に武器とわかる剣、戟、宝棒、独鈷、三鈷、五鈷、輪宝を持たしめてよいはずであり、『大正大蔵経図像』の三面六臂の大黒天画像は剣を持っているし、滋賀県秦荘町明寿院蔵の大黒天像は宝棒を持っている。

またインド・ネパール・チベットの大黒天像もほとんど武器を手にしていて、槌は持っていない。片手で持つ柄の短い槌はあくまで日本的なもので、これは武器としてよりも砧《きぬた》的用途のものの形で、この槌を小槌といって、槌の形式化で、別の意味のパワー・呪力あるものとしていたもので、打ち叩くための実用品でないことは、『御伽草紙』に出てくる「一寸法師」の話にも例が見られる。呪力・パワーのある小槌を鬼が持っていることは、『今昔物語』巻第十　染殿后為天狗被嬈乱語第七に、文徳天皇の皇后藤原明子に懸想した聖人が葛城山に戻ってから断食して死亡し鬼となってあらわれる条に、

其形身裸にして頭は禿《かぶろ》也。長《た》け八尺許にして膚《はだえ》の黒き事漆を塗れるが如し。目は鋺《かなまり》を入れたる如くして、口広く開て劔の如くなる歯生たり。上下に牙を食い出したり。赤き裕衣《たふさぎ》を掻き槌を腰に差したり。

とあり、平安の昔すでに鬼は腰に槌を差していたことがわかるが、腰に差すのであるから柄の長い掛矢状のものではない。

こうした鬼の持つ槌は鬼の通力がこめられた一種の如意宝珠のごときもので、攻撃武器ではなく宝物である。故に一寸法師は鬼が落として行った小槌を振ってもらうことによって背丈が伸びて立派な男子となり、この小槌を振ることによっていろいろの願いが叶えられるのである。『御伽草子』は室町時代頃のもので、この時代には願い事を叶えてくれたり、宝を打ち出す小槌、つまり打出の小槌という仮空のものが認識されていた時代である。

故に呪力がある女握りの拳の代わりに打出の小槌を持たしめたのであろう。福神に相応しく財宝や願いを叶えてくれることを示すものとして打出の小槌になったもので、如意宝珠的パワーを持つが故に小槌の面には必ず如意宝珠の図が描かれる。

また如意宝珠は女陰をも意味するから、女握りにも共通し、槌そのものは打つものとして男陰をも意味するから、如意宝珠を描いた打出の小槌は男女和合をあらわしている。男女和合によって子宝に恵まれたり、いろいろの仕合わせを生じるから、福神として信仰される大黒天が打出の小槌を持つことはきわめて適切であり、これは日本で考案されたものである。

つまり日本における大黒天の三摩耶形は、この如意宝珠の描かれた打出の小槌なのである。

日本人のつくりあげた大黒天

『和漢三才図会』巻七十四　摂津国武庫郡西宮の項の次に大黒天として、

天仏也　如二摩利支天一而兵家者流崇レ之祈二軍利一浮屠ニハ信レ之乞二供養一民家常敬レ之祈二幸福一

仏説摩訶迦羅大黒天神経ニ云ク今以二自在業力一故来二裟婆世界一顕二大黒天神乃至白《マウシ》レ仏言我於二切貧窮元福ノ衆生一為二大福徳一今現二優婆塞ノ形一乃至爾時世尊開レ皃ヲ含レ咲《エミオ》説レ咒

曰曩謨《ノウマク》三曼多没駄喃唵摩訶迦耶娑婆訶

尓《ソノ》時大黒天神白《マウシ》レ仏言　若有二末法ノ中衆生一持二此咒一者我体若《モシハ》五尺若三尺若五寸刻二其形像一安二置伽藍一若崇二敬セバ家内一　我遣二七世天女眷属八万四千人ノ福徳神等一遊二行十方一毎日供二養一千人一若我所レ説有二虚妄一者永ク堕二悪趣一不レ還二本覚一若又以二種々珍菓美酒一供養者将ニ降二甘露一

大黒示二現於伝教大師一曰　我毎日供二養一千人一以護二寺院一也　大師曰我山ニ有二三千衆徒一請フ永ク供二養之一大黒許諾焉　而乃比叡山　三所各建二大黒社一以為二護法神一日蓮上人三面大黒讃文載二件ノ事一且曰　毎甲子日以二黒豆百粒一可レ祭之　是秘中之秘也

今視二普通一所レ用大黒ノ像被二円ノ頭巾一右手　持レ槌　左手楗《カタゲ》レ袋両脚踏二米俵一也（俵者日本之製以盛米穀草器也）　其衣服日本風俗也　盖若二恵美酒之烏帽子直垂亦中古以来衣冠而　不レ知二誰人一始所レ作也　旧《モト》大黒本形下布二蓮葉一結二槌印而槌不レ持

大己貴尊有二負レ袋一到二稲羽国気多碕（事詳因幡国）大己貴一名大国主神　或以レ為大黒　与二大国一音相近　故大黒則大己貴神也云云　按此鑿説也　凢釈氏多ハ以レ神為レ仏焉　唯是ハ神道附二会于悖図之説也　鼠以為二使獣一也　起三於用二甲子日一矣　大黒何愛下センヤ毎竊《カスム》二米穀一之獣上乎恐ラクハ俗説也　又作二大黒一用二古橋第二之板一為レ佳

と記され、これが江戸時代における大黒天に対する認識と知識階級の考証である。

これを要約すると、大黒天は仏教のなかの天部の神である。闘戦神であるから摩利支天と同じである（摩利支天は女性神であるが、帝釈天が阿修羅と戦ったときに帝釈天に味方したので闘戦神とみられるようになり、日本においては室町時代頃から猪に乗った三面六臂の男性神に変化し、それぞれの手に武器を持つので一般的には闘戦神という認識が強い）。

故に武家関係では、大黒天を福神と見るより軍神と見て尊崇して戦勝を祈る対象としているが、一般人は幸福の神として信仰していて、各家庭なども常に大黒天に祈って福徳を願っている。

仏説の魔訶迦羅大黒天神経には、魔訶迦羅神は変幻自在の神通力をもって人間世界に姿をあらわして大黒天神になったのだとしている。つまり魔訶迦羅が人間世界にあらわれて大黒天になったのだから、本体は同じでも大黒天は別物であるがごとき表現である。

大黒天は大日如来の前で、「吾はこの世のなかの一切の貧窮をなくして衆生を豊かにするために、俗間の信者の姿（普通人）になって人間社会にあらわれたのである」といった。如来は笑みをふくんで「曩謨三曼多没駄喃《のうまくさんまんだぼたなん》　唵魔訶迦耶娑婆訶《おんまかかやそわか》」（遍き諸仏に礼し奉まつる。おーんマハーカーラ日出度し）といった。そのときに大黒天が如来に答えていうには、「もし仏法が末法の世になっても、この咒を誦し、吾が像を五尺・三尺・五寸の大きさで作って寺に安置して祀るか、民間でも吾を崇敬してくれるならば、吾は七世の天女や眷属八万四千人の福徳神を十方に隈なく派遣して、毎日多くの人を養うことを約束する。もし吾のいうことに嘘があれば、吾は悪趣に堕ちて苦しみ、本覚に入ることができない。また美味の酒や果物や菓子を供えて吾を祈ってくれれば、空から甘露を降らす天国に住むようにしてあげる」といったと、これは『大黒天神経』や『魔訶迦羅経』に述べてある功徳である。

そして大黒天は伝教大師の前にあらわれ、吾を供養してくれれば、それに仕える僧千人を養える福を授けて寺の経営を守護してやるといったので、伝教大師がこの比叡山には三千の僧がいるから、どうかこの僧たちを守って保証してくれと頼んだ。大黒天がこれを受け入れてくれたので、大師は比叡山の三ヵ所に大黒天を祀ったという。

この大黒天は三面大黒天であるが、日蓮聖人はその功徳をたたえた文をつくっており、甲子の日には黒豆百粒を供える大秘事が記されているが、黒豆は大黒天の使神である鼠に象ったもので甲子の子は鼠に当たるとするからである。

現在見るところの大黒天は、俗にいう大黒頭巾という丸い帽子をかぶり、右手に打出の小槌、左手に背負った袋の端を持ち、両足で二つの米俵を踏んで立っている。その衣服は仏像でありながら異国調でなく日本の服装である。

ちょうどその一組の相手である恵比寿神が烏帽子直垂（大黒天は狩衣である）と同じく、中古以来の服装であるが、こうした服装にしたのは誰がきめたのかわからない。仏教での古い大黒天は、米俵に乗らず蓮の葉に乗っているのが本当で、右手も近世のように小槌を持たせているのではなく槌印とするのが正しい。

大己貴神《おおなむちのかみ》は記紀によると、袋を背負って兄神に従って稲羽（因幡）国気多崎に行ったことが記されているが、大黒天はこの姿に似ている。大己貴神はまたの名を大国主命というが、「大国」を音訓みにすると「大黒」と同じであるために同一の神であるとされるようになった。

考えるにこれは付会の説である。また仏家では神仏混淆で本地垂迹の説を唱えるから、神道の神が仏教の神となってしまうのである。

また鼠をもって大黒天の使獣とすることもおかしいのに、甲子の日に子（鼠）祭りとして黒豆を鼠に擬したりして鼠を祭るのは迷妄も甚だしく、どうして食厨穀類の神が、穀類を噛んで害をなす鼠を祭るのであろうか。こうした習俗は語呂合わせやこじつけの縁起をかつぐ俗説である。また大黒天像をつくる用材は、取り壊した古い橋板の二（または三）枚目の板を用いるのがよいとされている。

以上は正徳（一七一一～一七一五）頃、法橋寺島良安の著した『和漢三才図会』における大黒天論である。

このなかで注目すべきは、大黒天を厚く信仰すれば子孫七代にわたって福をあたえるということで、聖天信仰とは逆である。聖天は厚く信仰すれば、その者には莫大の福をあたえるが、子孫は衰微するといわれる神である。

インドにおける大黒天の妃はカーリーガットといわれるが、日本においては宗像三女神が大国主命の妃とされるから、大黒天の妃にも当たることになる。

大黒天に対する現代の見解

現代における大黒天に対する認識もだいたい江戸時代の認識の域をでない。昭和八年（一九三三）に井上円了博士が著した『妖怪学講義』鬼神篇第廿五節「七福神」の項に、

大黒天

大黒天神経に曰く、爾時《なんじ》に如来大衆に告て言《いわ》く、今此の会中《えちゅう》に大菩薩あり。名《なづ》けて大福徳円満自在菩薩と曰ふ。此の菩薩往昔正覚を成《じょう》じて大摩尼珠王如来と号す。今日在業力を以ての故に、娑婆世界に来りて大黒天神と顕はれ、一切の貧窮無福の衆生に於て為めに大福徳を与へ今優婆塞の形を現じ眷属七世女天三界に遊現す。台家の説に、伝教大師大黒天に東坂本に逢ふ。短身黒面、手に槌を持ち、足、米俵を踏み、専ら寿福を掌る云云。或記云《あるいはきにいわく》、大黒は仏なり。魔訶迦羅神《まかきゃらじん》と云ふ。北方をつかさどりたまふ。北方の子《ね》なり。故に子の日を以て是を祭る。或記云《あるいはきしていわく》、大黒天は軍神なり。仏書四天王の部類三十二将軍の中《うち》にありて、摩利支天韋陀天と同列なりと云へり。日本七福神伝に曰く。日本神代巻に曰く。大国主神亦た大物主の神と名づけ亦た国作大貴己《（マヽ）》尊と号す。曽て其の子の事代主尊と一百八十一神、力を戮《あわ》せ志を一にして、天下を経営し、蒼生畜生の為に、療病の方を定め鳥獣昆虫の災《わざわい》を攘《はら》ふ云云舊事本紀に又大国主神帒《ふくろ》を負ふの事有り。大国主

神は乃《すなわち》雲州の大社素盞嗚尊の嫡子にして、而して三輪下鴨建部等の天神及日吉山王是れなり。神社啓蒙曰。今世に敬する大黒の像の頭に冠る所ろ身に服するもの皆我邦の俗なり。大己貴命を大国主命とも申せば、大黒大国音相同きを以て誤る乎。舊事記に稲羽の八上姫に通ひ給ふ時に、大己貴命負レ袋従《したがう》。これ大黒の負袋に似て、名大国大黒その音同じければ、今の恵比須大黒配合は即是ならむと云へり。又西宮の本宮は蛭子なり。大黒相殿の事は卜部兼熈二十二社の註疏に、左は大己貴命、右は事八十神なりと云へり。蛭児をエビスとはせずして、事八十神を以てエビスとし、大国主神を以て大黒となせり。大国主神を大黒なりとは両部習合より言ひ出せるなり

と述べている。ここでは『孔雀王経』で述べられているおぞましい大黒天の様相は一切みられず、日本において民俗信仰より形成された大黒天にのみ述べられている。

日本においては大黒天に対する認識がこれでよかったのである。つまり仏教神でありながら大黒天はあくまでも日本の大黒天であって、そのルーツがインドにおける恐ろしい本態をもつ大黒天である必要がなかったのである。

第二章　日本の大黒天の諸相

三面大黒天

日本における三面大黒は、伝教大師が感得して比叡山に祀ったのがはじめとされているが、これは後世に見る三面大黒と同じ尊像の形式であったかどうかは不明である。

後世見るところの三面大黒天は毘沙門天・大黒天・弁才天の三天を一体としたもので、これは日本で考案創作されたもので、一般に大黒天といえば一面二臂の尊像が普通である。

しからば大黒天が三面六臂であるのは、日本ではじめてつくられたものかというと、『大正大蔵経図像』に三面六臂の忿怒相の大黒天像があるから、仏教伝来のルートである中国も古くはこうした像容であったであろうし、チベット・ネパール・インドにおいては現在でも三面六臂の大黒天が祀られているから、そのルーツはインドであるといえる。

つまり大黒天は本来の姿が恐ろしい神であり闘戦神でもあり、シヴァの分霊でもあるから、シヴァが三面六臂に表現されたものもあるように多面多臂の大黒天があってもおかしくはない。

『大正大蔵経図像』に見る大黒天は裸形で結跏趺坐し、三面ともに忿怒相で牙を出している。『神愷撰』や『大黒天神法』によると、

青色三面六臂にして、前の左右の手には横に劔を執り、左の次の手には人頸を執り、右の手には羊牝を執り、象皮を背後に張り、髑髏を以て瓔珞となす

とあり、『諸説不同記』では、

身青黒色にして火髪上に竪ち、極忿怒の形である。三面三目、口を開いて二牙上出す。六臂あり、髑髏を以て冠瓔珞となし、蛇を以て鬘となし、耳璫臂釧あり。右手には垂下して内に向って剣を執り、横へて膝上にあり。次手は人髪を持ち、其人裸合掌長跪す。次手は臂を挙げて前に向け象皮執持す。左手は垂下して前に向け剣端ををり、次手は羊角を執って提持し、次手は象皮を挙持す。臍に人頭あり

との意味のことが書かれているが、人と羊は左右異なっている。

これは胎蔵界曼荼羅に描かれている大黒天画像であるから、その元は中国で表現された姿であろう。チベット・ネパール・インドの画像とはやや異なる。

真言宗や天台宗はこうした図像様式をもって大黒天としたから、『孔雀王経』などに記される凄まじい威力の表現の大黒天であった。

しかし伝教大師が感得したといわれる大黒天像は、おそらくこの姿ではなくもっと日本的姿の大黒天であろうし、もし毘沙門天・大黒天・弁才天の三天一体の大黒天であったとしたら時代ももっと降った鎌倉時代頃に考えられたものと思われる。

ということは三天合体の三天それぞれの姿は、日本において定型化された服装であるからで、曼荼羅に描かれた大黒天とはまったく異なるものである。

そして三天合体の大黒天は、鎌倉時代には、天台宗では流行したらしく日蓮聖人がこれを礼讃していることによってもわかる。

この三天神合体の大黒天は室町時代にも流行していたことは武家に信仰されたからである。故にこの大黒天は「武門三天神」、「武門大黒」ともいわれた。

中央に日本的服装の大黒天が位置し、右手に剣、左手に如意宝珠を持つが、後には右手に打出の小槌、左手に宝を入れた袋を持つようになる。右側には毘沙門天が顔を覗かせ、右手に矛、左手（造像上右手に見える）に宝棒を持つ。左側から顔を覗かせている弁才天は右手（造像上左手に見える）に鎰《かぎ》、左手に鎌を持つ。弁才天は剣と宝珠を持つのが普通であるが、この場合は大黒天が剣と宝珠を持ってしまっているので、鎌と鎰を持つ。鎌は稲苅りの鎌でこれは弁才天が稲荷神と習合したからで、鎰は財宝を納めている倉庫の錠を開ける鎰である。

毘沙門天は一般には矛と宝塔であるが、大黒天が金嚢と宝棒を持つ代わりに剣と宝珠を持ってしまったので、宝塔代わりに宝棒を持つようになった。

なぜ大黒天が毘沙門天や弁才天と合体したかというと、三神ともに日本の民俗信仰では福神である。一神の施福より三神の施福の方が授ける力が強い。施福の増幅であり、パワーが三倍となるからこうした三天一体が考えられるようになったのであろう。

それに平安時代頃から盛んになった弁才天信仰は、弁才天がそれまで如来や菩薩の脇侍的存在であった（拙著『弁才天信仰と俗信』雄山閣）のが独尊として祀られるようになり、その脇

侍が十五童子や毘沙門天・大黒天になったからであり、弁才天は往々にして毘沙門天と大黒天を脇に配されたから、三神を一体とする省略法からも三面大黒が考えられる余地があった。故にこの三面大黒は胎蔵界曼荼羅に描かれた三面六臂や、チベット・ネパール・インドにおける三面六臂の大黒天とはまったく異なるものである。

そして伝教大師が感得した三面大黒天はこうした三天一体のものではないと推量される。しかるに伝教大師の時代より百数十年も古い頃に三天一体の大黒天像があったと伝承する尊像が伝えられている。

『江戸名所図会』天権之部巻之四小石川の無量山伝通院の項に、

寺中福聚院にあり。菊岡沾云く、初め井を掘るとて其土中より此尊像を得たる故に其井を御福の井となづく。むかしは伝通院の境内なりしが、今は其井松平播磨侯の構の内となれりといふ。

按ずるに極楽水に混ぜしならん。彼の井も又同じ屋敷の中にあり。わづかの所に井泉ふたつあるも、恐らくは其の一つならん。

縁起に云く、当寺に安置の大黒天は三国伝来の霊像にして、大黒・多門・弁天等の三神一体の尊影なり。孝徳天皇の御宇、高麗国の大臣録来の土古といへる人、本邦に携へ来りて、近江国蒲生郡にありしを明和年間、豊誉霊応上人感得して、ここに安置せらる。甲子日参詣群集せり。

とある。孝徳天皇（六四五〜六五三）の頃に高麗国の大臣録来の土古なる人物が入朝したかどうかは詳らかでないが、三国伝来ということは天竺（インド）・唐（中国）・高麗（朝鮮）で大切にされたものが伝わったことを意味するから、もとは天竺である。

インドにおいて、大黒・多門・弁天の合体像が六世紀から七世紀にかけてあるはずがない。しかも伝教大師が三面大黒を感得したのがはじめであるとするより一四〇年ほども古い。

寺家の伝承縁起は、弘法大師御作、慈覚大師御作などと勿体をつければ信者が有難がるのと同じで、歴史的年代や巡錫した地までこじつけるのが常套手段であるからこの縁起はもちろん信ずるに足りない。

この三面大黒の伝承は別として、大黒天・毘沙門天・弁才天の三天一体の大黒天が比叡山に祀られていることは事実で、日蓮聖人が盛んに礼讃しているからこれは鎌倉時代頃のもので、天台宗はこれを盛んに宣伝し、日蓮宗もその功徳をたたえた。

こうなると対抗上真言宗も三天一体の尊像をつくらなければならないので、「夜叉神摩多羅神」というものをつくった。松崎復という江戸時代の人が『稲荷神社考』を著したが、そのなかで守覚法親王の『拾要集』にいうとして、

東寺の夜叉神の事に、大師御入定後、西御堂において、檜尾僧都に授け給ふ条にこれあり。この寺に奇神あり。夜叉神摩多羅神と名づく。これなり。持者には吉凶を告ぐる神なり。その形三面六臂云云。かの三面は三天なり。中面金色、左面白色、右面赤色なり。

中聖天、左吒吉尼《ダキニ》、右弁才なり。天長御記にいふ。東寺に守護天等あり。稲荷明神の使者なり。大菩提心使者と名づく

とある。真言宗の大本山教王護国寺、すなわち東寺に夜叉神摩多羅神という神が祀られているが、それは三面六臂で、中央が金色の顔の聖天、右が赤色の顔の弁才天、左が白色の顔の吒吉尼天であり、これは東寺の守護神で、稲荷明神の使者であるといわれているというのである。

稲荷は豊穣の神で、日本古来の産土の神であり地主神であるが、神仏混淆の時代に弁才天が習合したりしているし、荼吉尼天とも習合している。したがって中央の聖天の左右は弁才天と同系もしくは同一神であるが、なぜ中央が聖天なのであろうか。聖天は人に福を授けるが恐ろしく難しい神である。この三天一体として稲荷神の使者神としたのは、これも日本においての考案で他国に例がない。大黒天が比叡山において地主神的立場として祀られたのに対して、真言宗でも東寺に稲荷神を地主神とし、その使者を三面聖天としたのであろう。この夜叉神摩多羅神は他の寺院に類例を見ないから東寺だけのもので、おそらく鎌倉時代頃からこの神の信仰がはじまったのであろう。

ところが大正十年（一九二一）四月発刊の『新布教』（三四合輯号　法蔵館）のなかで弘世天鵜筆の『玄旨帰命壇に就て（日本天台の婬祠的秘密法門）』に、

本尊として崇めらるる摩多羅神は『密部諸経儀軌』によれば大日の妙観察智を掌る弥陀

の教令輪身であって、本来叡山の常行三昧堂に於ける念仏三昧の時の守護神である。所が今これを玄旨帰命壇の本尊に祠り、或は金毘羅明神と同一神なりとし伝教、入唐して天台山に在る時、初めてその前に示現「我汝に随って日本に赴き、且つ撃鼓観心の秘法を授けむ」といひたるが、やがて伝教の日本に還るや、又再び叡山に於てこの神に逢ふてこれを崇むるに至ったのであると伝へ（『羅山文集』）、或は三宝荒神を摩多羅神といふなりと伝へ（『円壇大事』）、更に又摩訶迦羅神のことなりともいひ伝へて居る。

とあるから、天台宗でも摩多羅神を祀ったことがわかるが、この摩多羅神は金毘羅神と同体、または三宝荒神、摩訶迦羅神（大黒天）のことであるとし、日本で勝手につくった神であるから本体は一向に確定していない。

しかもその像容は東寺の中聖天、左吒吉尼天、右弁才天と異なり（＊前文に続く）、先づ中央の神は頭に唐製の幞頭を蒙り身に倭《やまと》やうの狩衣を着け、左の手に鼓を採り、右の手でこれを打つさまを為し、以て壇上に腰を掛けて居るのである。而してその左右に二童子が並び立ち、各風折烏帽子を着て、我邦の伶人の如き服装を為し、右の手に篠笹を持ち、左の手に蘘荷《みょうが》を握って舞ひ跳って居る。又、中尊の両脇にも竹と蘘荷とが並べられている。頂上には雲が棚引いて、その中に北斗七星が画かれてあるのである。即ちこの鼓をとった中尊が摩多羅神であって、左右の二童子は左を丁礼多《ちょうれいた》、右を尼子多《にした》と呼ぶのである。

としているから三面六臂ではなく、中尊に二童子の脇侍である。そうすると比叡山にある大黒天（摩訶迦羅神）とは明らかに異なり、伝教大師が感得して祀った三面大黒ではない。

また三面二臂の大黒天像もあったことは『聖宝蔵神経』に、

宝蔵神身黄色二臂三面頂戴宝冠云云　右手持海甘子、左手持鼠嚢

とあるが、こうした遺像はきわめて特殊である。

六大黒天

また近世では一部に六大黒天という尊像があって信仰されるが、これも日本においてつくられたもので、大黒天が五つの分霊になってあらわされたものである。

その名称は比丘大黒、摩伽迦羅大黒女・王子迦羅大黒・信陀大黒・夜叉大黒と一般に見るところの大黒天の六つである。

比丘大黒とは、比丘が出家具足戒をうけた男性をいうのであるから僧の意味であり、僧形の大黒天ということになる。

奈良市東大寺法華堂手水屋に祀られる国宝の木彫大黒天像は、冠り物が失われているせいか剃髪した頭であるから、これに当たるのであろうが、この像はおそらく頭巾をかぶせるために頭を丸くしたもので、僧形の意味ではあるまい。比丘大黒天は僧形で乞食《こつじき》して歩く姿で

ある。あまねく十方を乞食して歩き、信心厚い者が施与すれば応分の福をあたえるという姿で、『大黒天神経』にあるごとく、大黒天は本来俗界に姿を現じて施福して歩く神であるから、遊歴する僧侶の姿を借りることもあり得る。したがって比丘大黒天という分霊もあっても不自然ではない。

その姿は剃髪僧衣で右手に小槌、左手に剣という異形である。持ち物が錫杖であったら地蔵菩薩と同じである。小槌は福宝を打ち出すしるし、剣は大黒天本来の闘戦神としての名残りであろうか。

摩伽迦羅大黒女は、唐風の官女姿で頭に米俵を載せ両手で支えている姿である。仏教の神々は時に応じていろいろの姿に変身し、女性にも男性にも変わって示現するが、大黒天も『孔雀王経』にあるごとく、大神力を有し、遊行飛空して諸幻薬を持っているから女性にも変身できる。

十一面観世音菩薩は聖天の婬欲旺盛悪業きわまりないのを改めさせるために、女毘那夜迦に変身して交わり、聖天を改心させている。

したがって民衆の暗愚悪質の者や好色の者に対しては、救済のために女大黒天に変身することもあり得るであろう。

服装が中国唐風の盛装であるのは、中国で女神をこうした服装で表現した慣例がそのまま伝わったもので、仏教のなかの女性神はほとんどこれを踏襲している。インド周辺の仏教国の女性神のように乳房を露わした裸形は決して表現しない。

摩伽迦羅大黒女が、女性神としての盛装のままでは大黒天の変身とは見えぬし、剣や宝珠を持たしめては弁才天や稲荷神・荼吉尼天などと見誤られるので、大黒天の三摩耶形にも近い米俵を配したのである。しかし米俵を踏まえたのでは女性としてつつしみが悪いと思ったのか頭上に載せている。俵（福）をあたえるそよというポーズであるが、米俵と天女風の表現であれば稲荷神にも共通するから、稲荷神と習合してつくられた大黒天女であるかも知れない。

但し摩伽迦羅大黒天女というのは、マカカラは大黒の意であるから大黒天女と重ねると重複語で、これは明らかに近世創作された神であることがわかる。寺院における内妻を大黒といった（これは後で述べる）くらいであるから女性の大黒天があってもおかしくはない。

王子迦羅大黒は、中国風の冠に中国風の官服を着た若者の大黒天である。王子というからには大黒天の二世であろうか。

大黒天《マハーカーラ》の妃はカーリーガット（Cālighatta）と呼ばれカーリー（シヴァの妻であるが、シヴァの分霊がマハーカーラであるから、カーリーはマハーカーラの妻である）であるから、この二神の間に生まれた子が王子迦羅大黒であろうか。しかしインド神話や経典に出てこないから日本で創作された大黒天である。

あるいは中国のいずれの国かの王子が大黒天のごとく人民に施福を行ったので大黒天に擬

してつくられたものか。迦羅は梵語のカーラの音訳であるが、この場合は唐《から》または古代朝鮮にあった伽羅国をさしていったともとれる。

とにかく中国風の服装に右手に剣、左手に三鈷杵を持つ姿は施福の神というより破邪顕正の神であるように見える。

一見したところでは大黒天としてのイメージはないが、大黒天が小槌と袋を持って米俵に乗るという姿は、中世において日本でつくられたものであるから、いろいろの形式の大黒天があってもおかしくはないし、大黒天の性格の一つを分霊として表現したときには、こうした若々しい貴族的な大黒天があってもよい。

信陀大黒、これも唐風の少年の服装で、髪はみずらに結っているから、日本と中国の折衷様式の大黒天である。

信陀とはいかなる意味か不明であるが、右手は拳印、左手に宝珠を持つ。ちょうど弁才天の眷属である十六童子のなかの印鑰《いんやく》童子か生命《しょうみょう》童子によく似ていて大黒天には見えない。

但し拳印は日本の大黒天でも示しているのがあり、宝珠は三面大黒の場合には持っているから共通するものがある。

夜叉大黒、これも中国風の冠と官服をつけ、右手に輪宝、左手は拳印を示している。

夜叉とは薬叉または夜乞叉とも書き、意味は捷疾鬼、羅刹と同類で人を害する鬼神である。そうした恐ろしい大黒であるというから『孔雀王経』に記された大黒天と同じで、無量の諸

六 大 黒 天

鬼神眷属を率いて屍林を飛行遊行し、生ける人の血肉と霊薬を交換するということは夜叉の行為で、夜叉の頭目、夜叉大将であるのが大黒天であるから、何も新しく夜叉大黒という名前の大黒天をつくる必要はないのである。

これは大黒天の恐ろしい性格がわずかに経文の上に留められるだけになり、その経文も流布しないままに大黒天が日本化して福神の最たるものに成長した結果、大黒天の分霊の一部をもって夜叉的存在の大黒天を創作したのであろう。右手に輪宝、左手に拳印を示していることがわずかに大黒天を想わせるだけである。

大黒天は本来夜叉諸鬼の王であるから、夜叉の名を冠するのはおかしくはないが、優美可憐の少年姿であるのは奇異に感じる。

もっとも我々の通常観念の夜叉というのは鬼形であり性格が顔貌にあらわれた恐ろしい形相を思い起こすが、「外面女菩薩内心如夜叉」の諺どおり外見は優しいものが多いことはヒンドゥー教や仏教の遺跡の彫刻に見られるごとく、魅力的にして官能的な裸の美女のヤクシーもあるから、夜叉類だからといってあながちに恐ろしい表情とはかぎらない。

特にこの夜叉大黒天は輪宝を持っているから、それが仏法を体して仏法護持を示すものであることから善神であるのに、なぜことさらに夜叉の名を冠するのであろうか。

そして大黒天はシヴァの分霊であるものの一神として独立して信仰が展開し、特に日本においては福神としてのみの信仰をかち得たのに、近世なぜ六大黒という分霊をつくる必要があったか。これはおそらく六という数字にこだわった結果生じたものであろう。

仏教においては地・水・火・風・空・識の六法は一切の法界に周遍して、一切の物を造作する故に六大という思想から六をもって一切を包含して見ている。『仁王経』にも、

色受想行識空　十二入十八界空　六大法空

とあり、六道（六趣に同じ　地獄道・餓鬼道・畜生道・修羅道・人間道・天道）、六相（総相・別相・同相・異相・成相・壊《え》相）、六神道（神境通・天眼通・天耳通・他心通・宿命通・漏尽通）、六識（眼・耳・鼻・舌・身・意）、六垢（無垢に同じ　悩・害・恨・諂・誑・憍）、六時（晨朝・日中・日没・初夜・中夜・後夜）、六煩悩（貪・瞋・痴・慢・疑・見）、六境（色境・声境・香境・味境・触境・法境）等のほか、六斎、六師外道、六地蔵、六字大明呪、六字名号、六種拳、六種準大法、六足尊、六祖大師、六通、六凡四聖、六煩悩垢、六喩、六甲秘呪、六方礼経等、さらに六勝寺、六条道場、六条御堂、六波羅密寺等、六の字を用いることが多いので、仏神にも十六善神、十六羅漢、六地蔵などがあるから六大黒もこうして六に当てはめてつくられたものであろう。

走り大黒

南方熊楠の『十二支考』のなかの「鼠に関する伝説と民俗」の項に『譚海』一二を引用して、日光に走り大黒というお符《ふだ》があることを述べている。

このお符は非常に霊験あらたかであるが、信心に解怠の心があるとたちまちその人から離れてしまうという。その由来を要約すると、往古《むかし》中禅寺に年劫経た大鼠がいて所蔵する多くの経を食い破ったり諸方を嚙んだりする、被害が甚だしいので摑まえようとしたが逃げられ、下野国（栃木県）足緒という所まで追い、そこでようやく捕えて殺し、鼠の足に紐をつけて引いて帰った。この鼠の死骸に墨を塗って紙に捺すと大黒天の像があらわれたので、この画像を「走り大黒」というのであるとしている。日光山ではこの鼠の死骸を保管しておき、希望者にこれを捺してあたえるということ記してある。

日光の走り大黒天の霊符
（『東京風俗志』より）

第三章　マハーカーラとしての大黒天

インド・ネパール・チベットの大黒天

インドおよびネパール・チベットは同じ仏教圏であるがヒンドゥー教的要素が濃厚で、その混淆した形式であるから、インド古代の神々の様相がよくうかがわれ、日本の仏教よりも古い形態が残されている。したがって神体も神格も原始的純粋さをよくとどめている。大黒天も例外でなくマハーカーラ神として現在でも大衆に厚い信仰をうけている。

福神としての信仰であるが、『孔雀王経』に述べられているごとき大神力のある恐ろしい天神であるから、その表現はすべて恐ろしく表現され、ほとんどが裸形である。

日本における明王が裸形忿怒相で火焔を背にし、また多面多目多臂であったりするが、大黒天もこれと同じであるから、一見明王のように見えるが一ランク下の天部の神である。日本の大黒天が時代とともに儀軌にかまわず民衆に馴染むようにどんどん日本化して、性格・

功徳から服装が大衆の願うイメージに即応して純然たる日本の大黒天となってしまったが、インド圏における大黒天は厳密に儀軌を守り通してきたので、その儀容は現在にいたるまで変わっていない。但し地域差、時代差によって、一面三目二臂、一面三目四臂、一面三目六臂などが多く、三面六臂は甚だ少ない。『大正大蔵経図像』には三面六臂があり、『諸説不同記』には三面三目六臂のことが記されているが、インド圏の近世のマハーカーラ像には三面はなく、ほとんどが一面三目である。

これらの近世におけるマハーカーラの像容について述べてみよう。

十八世紀頃のチベットにおけるマハーカーラを主尊とした曼荼羅図では、中央に大きく描かれたマハーカーラは黒色裸身、三目二臂で、髪は逆立ち蛇が蟠り、眉毛も逆立ち、開いた口には上下に牙が生え口髭にかこまれている。冠輪には五つの髑髏台に宝飾をつけ、耳鐶をはめているが、これは天部の神によく表現されているところである。画像によっては頭髪上に多数の蛇を配している。ほとんど裸形であるが腰に虎の皮をまとい、胸に宝飾を垂れるほかに、蛇を首飾りともし、下膊・上膊にも荘厳な腕飾り、足首にも足飾りをつけ、蛇が巻きつき、死人を踏まえて蓮華座の上に立つ。両手に剪刀と髑髏盃を持ち、両臂に宝棒を乗せて支えている。

背後は炎々と燃え熾る火焔で、四隅に脇侍をおく。左下にカリーカ、左上にチャルチカー、右上にカンデシュヴァリ、右下にクリセシュヴァリが配されている。このマハーカーラはネパールでもチベットでも最も人気のある神で、一般には悪霊を滅ぼすためのタントラ（密教）の儀礼で礼拝されている。マハーカーラをかこむ四神はマハーカーラの変化身であり、上方に多くの菩薩が描かれている。

これと同じ構図であるが、マハーカーラが結跏趺坐して足元に屍人がうずくまっている曼荼羅では、三目四臂で服飾宝飾は同じであるが領巾《ひれ》がひるがえり活目して斜め上方を見、蓮座に坐して火焔を背負っている。前の二臂は肉を截る剪刀と血をたたえた髑髏を持つ。これは『孔雀王経』にあるごとく、人間が欲しがる秘薬と血肉を交換するときに用いるものであろう。後ろの右手は剣を振り上げ、後ろの左手は矛の柄を握っている。

マハーカーラの鋳像は一面三目六臂が多く、チベットには家庭に祀るために小像が多い。ブロンズ製で高さ一四センチの像は、三目の忿怒相で髪の毛は火焔のごとく逆立ち、五つの髑髏台に宝飾をつけた冠を戴き、首から人頭を髪の毛で連ねた長い頸飾りをつけ、大きい耳飾りを垂れている。前の両手は勢刀と血を満たした燭膿盃、次の両手は組んで印相を示し、あとの両手は象皮を広げて背後を覆うとしている。右脚を曲げ左脚を伸ばして四股を踏んだ形で、これは人間を踏みつけた形である。

同じくブロンズ製で高さ一一センチの像は、踏んでいるのは人間でなく象頭であるからヴィナーヤカである。ヴィナーヤカは多くの名を持つがシヴァの息子で、日本では歓喜天または聖天といっている。大黒天がなぜ聖天を踏むかということは、インド神話からうかがうことができないが大黒天と聖天はきわめて共通点がある。

上図は十八世紀頃のチベットのマハーカーラ像で高さ一〇センチである。三目六臂を小さい厨子に納めて祀るために身体もバランス悪くつくられ六臂もあまり活動的でない。頭からは長蛇の首飾りと人間の首を数珠繋ぎにした首飾りをかけているが、髪は逆立たず結髪にしており、象皮は背中に羽織っている。そして足は何も踏まずに頑張った姿である。

一面三目六臂のマハーカーラ
（チベット　ブロンズ）

十九世紀のチベットのマハーカーラ曼荼羅図では、蓮華座の上の人間を踏まえた三目六臂のマハーカーラで、丸い光背の外側を火焔とし、その四隅にマハーカーラの変化身を配している。

次ページのマハーカーラ像は、チベットの十八世紀に描かれた大画で、一面三目六臂、凄まじい迫力で背後には火焔が渦巻いている。虎の皮を腰に巻き、人頭の数珠を長々とかけ象を踏まえ、両手で象の皮をはおろうとしている。髪の毛は燃えるように逆立ち、幾匹かの蛇が這い廻り、五つの髑髏の冠をつけ、胸の所で剪刀と髑髏盃を持っている。

一面三目六臂のマハーカーラ
（チベット　18 世紀）

そして象皮をまとった右手には髑髏を連ねた輪、左手は髑髏の付いた三叉戟を持つ。見る者をして恐れさせせるに足る画像で、とても福神という感じはなく、殺伐な闘戦神であるように見える。

現代のネパールにおけるマハーカーラ曼荼羅もこれらとまったく同じ構図と表現法であるから、インド圏の大黒天はすべてインド神話やヒンドゥー教の説話より出たマハーカーラから脱却していないことがわかる。

イシュワリ・カルマチャリヤのマハーカーラ曼荼羅（模）

ネパールにおけるマハーカーラはシヴァの化身のバイラヴァが仏教の神界に組み入れられ、仏教的解釈では五仏から派生したものとしている。しかし古代宗教の神の名残りを留めているから、蛇や生首や髑髏を多く用い、虎の皮を腰にまとい、剪刀や髑髏盃を持ち裸形であることは、ヒンドゥー教の他の神とまったく同じである。剪刀と血を満たす髑髏盃は『孔雀王経』にあるごとく、人が諸々の秘薬を求めるときにその交換条件として人の肉を切った剪刀であり、生血を受け取る盃でもある。

しかし仏教ではこれを煩悩を切る刃物と解する。

中尊のマハーカーラはこのように恐ろしい忿怒相であるのは悪霊を滅ぼすための密教儀礼として重要な役目をもつもので、悪霊を取り除くことによって人間に安住と仕合わせが訪れるのであるから民衆に一番親しみやすい神であり、日本において大黒天が各家庭に見られていたように、ネパールでも小像を祀ったりして、神のなかでは支持率が多い方であるといわれる。

だいたいマハーカーラは多臂も二臂もあるが、主要の持ち物としては剪刀と髑髏盃である。曼荼羅の場合には、必ず中尊マハーカーラをかこんで四囲にマハーカーラの変化身四体が描かれる。中尊を中心として四囲に変化神を描くことはネパール・チベットの仏像画の特徴である。

向かって左下のカリーカ（南東）は中尊のマハーカーラとまったく同じ姿で人間を踏みつけているが右手の剪刀は振り上げている。向かって左上はチャルチカー（南西）で白い人間を踏みつけているが、四臂で三鈷杵を右、索縄を左、前の二臂は降三世印を結ぶ。

向かって右上はカンデシュヴァリ（北西）で蓮華座に結跏趺坐し、二臂で両掌を合わせて前に倒し、親指と人差指で菱型をつくる。背に白象の皮をつける。向かって右下はクリセシュヴァラ（北東）で四臂で背に象の皮を被い腰に虎皮を巻き白馬の上に横坐りとなり、右手は剣と髑髏盃、左手は三叉戟と鉾を持つ。

その外郭の向かって左下からインドラ（東、帝釈天）、向かって左上にアグニ（南東、火天）、向かって右上にヤマ（南閻魔天）、右下にナイルリテイ（南西、羅刹天）と時計回りにヴァルナ（西、水天）、ヴァーユ（北西、風天）、クベーラ（北、多聞天）、イシャーナ（北東、伊舎那天）等の八方天にかこまれている。

また曼荼羅の最上段はだいたい菩薩が描かれているのが普通で、ボディサットヴァ（菩薩）、ヴァジュラダラ（金剛手）、ウシュニーシャヴィジャヤー（仏頂尊勝）、ハリット・ターラー（緑多羅）、ナーマサンギーティー（名等誦）、マンジュシュリー（文珠菩薩）、ヴァジュラサットヴァ（金剛薩埵）、ヴァスダーラー（持世）、サダクサリ・ロケシュヴァラ（六字観音）、ボディサットヴァ等が列び、下方にマハーカーラの七変化神が列んで、大衆が願うために集合している。

マハーカーラの背景は烏屍尼国の奢摩奢那という大森林のなかの屍体捨場であるから、墓があったり、屍体が野獣によってひきずり出されて争って食われたり、骨が散乱し、火葬されてたり、蛇が横行している恐ろしい光景のなかでマハーカーラの眷属が裸形の美女と戯れたりしている。これがインド・ネパール・チベットにおけるマハーカーラの周辺の実態であるから、冥界の大王ともいえる。

これがマハー（大）カーラ（時もしくは黒暗）の実態で仏教に取り入れられてもインド圏ではその全貌を展開して現在にいたっているのであるから、日本における大黒天とは著しい違いがある。

こうしたネパール仏教における信仰はチベット仏教のニンマ派が主体となっており、これが中国にも伝えられて密教の興隆をみるが、日本の密教も弘法大師や伝教大師によってこの流れを伝えている。密教が神仏の図像や彫像に儀軌にのっとって作法・約束事にきびしいように、ネパールやチベットの仏神像も儀軌約束事にきびしいから、現在見るところのマハーカーラ像も前世紀のものもほとんど同じ形式を踏襲していて、いわゆるインド密教初期のままの様式であったことと思われる。

山岳部信仰の大黒天と平野部信仰の大黒天

インド北部およびネパール・チベットとの大黒天が黒色裸形で剪刀と髑髏盃を持ち、多くの髑髏を連ねたり蛇を首飾りや釧《くしろ》代わりに用いた恐ろしい姿であるのは、古代インドの宗教が自然のなかから発生し、山岳や原野のなかに生活する人々の間から生じたからである。

髑髏に霊魂の存在を信じ、血に生命のパワーを汲み取る感覚が鋭敏だったからである。

人は死ぬと肉体は消え滅ぶが骨は残る。そこに神秘性を認め骨に霊力あると認めたのである。

また蛇はインドには多く棲息しており、その生態からくる神秘性は、蛇の棲息している地域のいずれの民族も、蛇に神性を感じていることが古代の思想のなかに介在しているので、インドにおいても例外ではない。したがってインド神話に蛇はしばしば登場し、神聖視され、ナーガ（蛇・龍神）信仰があり、インドの神々と蛇の関係はすこぶる深い。

大黒天をはじめとして多くの仏教系、ヒンドゥー教・バラモン教系の神々が蛇を身体にまとわりつかせているのは、恐ろしさを強調するために表現として用いたのではなく、蛇のもつ霊力・パワーを増幅させ装飾化して用いたものである。

蛇にはさまざまな神秘力があると思われているし、蛇は二年以上も餌をとらなくても生存できるという驚異的生命力をもっている。

地域的環境の悪い大森林や谷間や山岳地帯はかえって蛇の棲息しやすい所であるから、きびしい状態における山岳民族らは蛇を恐れないどころか神聖視する。したがってヒンドゥー教や、それと混淆した仏教のネパールやチベットの仏像は蛇をよくまとわりつかせるので、大黒天もこれに倣って表現される。

これは山岳地帯での仏像の特徴といえる。日本においても山岳修験道で祀る飯綱権現像などは腕や足に蛇の釧《くしろ》をつけているのは、深山渓谷には蛇が多く棲息しており、蛇の霊性をパワーとして身につける表示にほかならない。

吉野山奥の天河《てんかわ》弁才天を曼荼羅とした図は、弁才天自体をも恐ろしい顔貌の蛇とし、眷属にいくつもの蛇を配している。これは弁才天が蛇であるとの習俗からきたものであるが、山岳地帯の信仰には蛇は決して無縁のものではない。

一方、平野部は農耕民族によって支えられる信仰であるから、もちろん人間と共存した蛇も信仰の対象となるが、一番大切なものは農耕によって得る食料の確保である。

故にインドの平野部や南方地方・諸島に広まったヒンドゥー教や、仏教は生産による福分を願う、いわゆる現世利益思想が強く、したがって血肉を交易して秘薬をあたえる大黒天も、いつしか『南海寄帰内法伝』に見るごとく、厨房の神となることは食料の確保・保証の穀神に転じるのである。

大黒天が恐ろしい神として悪霊除去の威力を示してくれるための信仰と、増殖繁栄の神としての信仰の二系統に分かれるのは、こうした山岳部の民族と、平野や海洋の農耕魚猟民族の信仰目的の違いによって生じた差であろう。

一は厄除けによって福を願い、一は生産によって福を願う。この違いが、一方を忿怒相の荒々しいものとし、他の一方を福徳円満の相に移行せしめたのである。

日本も農耕民族と海洋民族であるし、特に日本においてはまったくの福神としての対象になったのは、一般レベルでの仏教信仰はほとんどが現世利益という看板で人々を仏神に引きつけたからで、そのイメージの形象化にほかならない。福を授ける神はあられもない裸形で、人を畏怖させる容貌であってはならないのである。誰でも親しみをこめて近づき、気軽にお願いできるように、笑い顔で身近な服装（中古の盛装）でなければならなかったのである。

こうした民族の願いから形成されたのが日本の大黒天であるから、インド・ネパール・チベットの大黒天とはまったく別の神であると見てもよい。

そして大黒天と一組にされている夷（恵美寿）神が海洋民族の信じる神（恵美寿神も後には平野部の商人や、山間部の農耕民族に信仰されるが、それは二神がセットとして福神になったからである）であるのに対して、大黒天は日本に伝わるときから穀神つまり農耕神としての要素を持っていた。

したがって日本に伝わった時点から穀物保証の神であり、その保証によって得る仕合わせ、増産による福分、つまり富裕の願いの神という図式で出発しているのである。

食生活から福神として出発した神は日本においては稲荷神があるが、これは神道系であって、仏教系の福神としては大黒天が代表的神となる。それだけに異国的形相の福神ではなく、できるだけ日本的でなければならなかったのである。

第四章　日本の大黒天の像容

日本の大黒天

以上述べてきたように、アジア大陸の大黒天の大概は裸形黒色で、ときには多面多臂、三目であったりする影像でほとんどが忿怒相であるのは、ヒンドゥー教のシヴァ神の投影が色濃く残存するからである。

ヒンドゥー教の神々が、往々にしてその能力範囲の広さを示す手段として多面多臂に表現され、仏教もその影響をうけているが、インドにおけるシヴァ・リンガ像などの三面にされているのはエローラ十六窟や、エレファンタ島石窟、そのほかヒンドゥー教寺院におけるシヴァ・リンガにおいて見るところである。

したがってシヴァの分霊であるマハーカーラが三面であるのも当然で、またその大神力を示す手段として六臂に表現されるのも当然である。

故に『孔雀王経』などが日本に入った時点で摩訶迦羅も認識され、少なくとも図像ぐらいはあったはずで、その系統が『大正大蔵経図像』に見る大黒天画像のごときものであったと思われ、これが密教系の大黒天である。

これの像容は後世にいたるまで密教では摩訶迦羅天神とし、曼荼羅では毘那夜迦の左に位置して描かれており『諸説不同記』でも、この像容を説いている。

それがなぜ日本的像容の大黒天神に変化し、その性格・功徳まで変わったのであろうか。その過程をうかがい知るのも興味ある問題である。

それは唐の国の訳経僧義浄の『南海寄帰内法伝』にそのヒントの一つがあるようである。義浄は六三五年から七一三年頃（日本の舒明天皇の七年から元明天皇の和銅六年に当たる）の人で、法顕や玄奘三蔵の跡を慕って六七一年（日本の天智天皇十年に当たる）に広州（広東）から出港し、シュリーヴィジャヤ（スマトラ島の今のパレンバン）に寄港し、インドのナーノンダー寺に入り、ここで一〇年学んで帰途についたが、再びスマトラ島に寄って七年学んだ。六九一年（持統天皇の五年）にはシュリーヴィジャヤにおいて著述した『新訳雑経論』一〇巻、『大唐西域求法高僧伝』二巻、『南海寄帰内法伝』四巻を大津禅師に託して唐に送った。このうち『南海寄帰内法伝』は正文四〇章よりなり、内容はインド・南海諸国の仏教僧の生活・習慣・風俗などが詳しく記されているので、インド仏教圏を知る貴重な資料である。

日本では慈雲尊者飲光《おんこう》が訳した『南海寄帰伝解纜鈔』八巻があり、これらは東京大正一切経刊行会の『大蔵経』のなかに入れられているが、この『南海寄帰伝解纜鈔』のなかに大黒天についてのことが記されている。

坐把二金嚢一却二踞小床一脚垂レ地　毎将レ油拭　黒色為レ形

とあり、インド圏の南方での大黒天像はネパール・チベット方面に現代まで行われている忿怒裸形の大黒天ではなく、神王の状をして半跏趺坐して物に腰掛け、金嚢を持つ姿で、しかも食厨（台所）の柱や、大きい倉庫の門前に祀られ、香花供物を供えられ、毎日油で拭いて真黒になっているというのである。

七世紀の終り頃に天竺をふくめて南方地方の大きい寺では、すでにこの像が流布して食厨の神として祀られていたことを示すものであるから、南方諸国に流布する以前からこうした尊像が大黒天として祀られていたとみてよく、こうした形態と性格の変化は七世紀以前に遡るものと思われる。

人間の血肉と秘薬を交換し、陀羅尼を唱えて加持して近づかなければならぬ恐ろしいマハーカーラが、どうして人の食生活を守り、他からの侵入を防ぐ神として神将形の姿に変わったか。その間の経過は一切わからないが、手に金嚢を持つ状に表現されることは施福の神に転じる一つの証拠である。そして神王の状というのが服装であるから、神将と同じでおそらく武装姿であろうから、少なくとも裸形ではない。

これをもって考えるに滋賀県秦荘町明寿院所蔵、重要文化財の半跏趺坐の大黒天像が想い浮かぶ。

この像は烏帽子状のものをかぶって神将のように鎧をつけ、右手に嚢（おそらく金嚢）を持ち、左手に宝棒を持っている。

時代は鎌倉時代頃であろうが、日本的服装の大黒天がおこなわれはじめた時代に、この武装像は、大黒天信仰が入りはじめた初期の様相が伝統的に守られていた一例であろう。

そして金嚢を持ち、宝棒を持つということはすでに福神的三摩耶形を示したものである。これはヒンドゥー教やヒンドゥー教の混淆した仏教の形式ではなく、純然たる仏教中の神将の姿であるから、『孔雀王経』その他の諸経に説く、インド神話的マハーカーラでなく、仏教のなかでの功徳ある天部の神としてつくりなおされた姿を示しているものといえよう。

そしてこの神王形の大黒天よりさらに古い平安時代中期頃の作とされる、福岡県太宰府観

明寿院（滋賀県）の大黒天

世音寺の国宝樟材一木造の大黒天像は、すでに日本上代の服装になっている。

頭には幞頭の頭巾をかぶり、奈良時代の袍のような上衣に脛のあらわれるくらい短いズボン状の袴、頷に布を結んで、沓を履き、背中に袋を負って、その袋口の方を左手に持ち、右手は右腰脇に拳印をしている。

仏教の尊像のほとんどが異国的服装であるにもかかわらず、後世は別として、このように日本的（袍は中国が源流であるが、奈良時代は中国の袍を採り入れつつ日本化する過程にあった）服装の仏神は大黒天のみである。

つまり裸形黒色忿怒相の大黒天が、なぜこうした日本的服装の仏神に表現されるかという問題である。これでは神道系の日本古来の神の表現である。

これから見ても当時すでに大黒と大国が同音のため神仏混淆の風潮によって、大黒天が大国主命に習合し、日本の神であるとする傾向が生じていたことを物語るものである。

前章で記した『塵塚物語』巻三の卜部兼倶の説に、「弘法大師かの大国の文字を改めて大黒と書きたまひけるとなり」とあるのは真偽のほどは別として、平安時代初めにはすでに大国主命と大黒天が付会され混同されていたからこそ、この大黒天は、当時から見て昔の服装である大国主命を想定して大黒天像をつくったのであろう。

つまり仏家は別として民間では大黒天が大国主命であり、またそうした方が馴染み深かったからこそ、仏家も彫刻家も日本的服装の大黒天像をもってよしとしたものと思われる。

しかしこれでもなお後世の大黒天像とはほど遠いし、福神としてのイメージに乏しい。

次に奈良市此瀬町の公民館に所蔵される大黒天は、僧衣に袴、脛巾に沓であるが、行脚巡錫中であるらしく突盔形頭巾に頭のまわりに日覆いをつけ、左手に袋の口を握って背負い、右手は右胸の位置で拳印を示している。あるいはこの手の形は巡行中の杖を持つ手であったかも知れない。

これは日本上代の服装をした大国主命イメージの大黒天ではなく、諸国を遍歴して、貧しき人々を慰め福をあたえて歩くという感じで、顔はやや憂いをおびて目と口を閉じている。日本化した仏教神らしい表現であるが、いまだ福神的イメージがうかがわれない。背負った袋から財宝を出して信心する貧しい人々に施福する姿というより、世の無常や不平等を観じ、また説教をして歩くという姿であるから、『摩訶迦羅経』にある「十方に遊行し」という姿である。

しかし大黒天が仏・法・僧の三宝を護持し、千人の僧の食生活を保証するという片寄った

比瀬町公民館（奈良県）の大黒天

功徳から、大衆も厚く信仰すれば功徳をあたえられるということが強調されて、大衆の支持を得つつある時代に入っていたから、よけい身近な日本的服装に近づかなくてはならなかったのであろう。

これは『大黒天神法』にも、

若人三年専心供レ吾者　吾必此来　供人授二世間富貴乃至官位爵禄一

とあり、『摩訶迦羅経』に、

僧俗我体ヲ刻ミ崇敬スルモノニハ、八万四千ノ福徳神ヲ遣ハシ、十方ニ遊行シ、毎日千人ヲ供養セシム（訳文）

というように大衆に向かっても、信心すれば福徳の御利益があることを普及せしめているから、鎌倉時代以降、民間の大黒天信仰はにわかに広まり、いつしか福徳のみの善神に思われるようになってしまった。恐ろしい神であることは、曼荼羅上の図像や『孔雀王経』などを知っている仏家のみで、大衆は日本古来の福神が、仏教のなかに取り入れられたとしか考えなかった。

こうして大黒天は日本古来の福神のようにイメージされることによって、大黒天の存在と服装は日本的に定着していく。

いわゆる大黒頭巾という帽子が、いつ頃から用いられるようになったか不明であるが、日本において大黒天が造像されたときから、帽子をかぶらない大黒天はない。

東大寺法華堂（三月堂）の手水屋に祀られる国宝の大黒天像は、鎌倉時代の作といわれ、頭は剃髪しているようであるがこれは頭巾が失われたからであろう。

そしてこの大黒天の時代頃から服装は定型化したようである。すなおち、狩衣姿に奴袴であるが、袴はときとして膝下を紐で結んだ、上代の足結《あゆい》という形式である。左手で背負った袋の先を持ち、右手は拳印であり、拳印は往々にして女握り《マノフィカ》であらわされており、女握りは槌を意味することからやがて打出の小槌を持つようになる。

また儀軌では荷葉座（蓮の葉の座）の上に立つ姿であるからあながち食厨の神ではない。滋賀県蒲生郡平田村光明寺安置の、重要文化財指定の大黒天像は純然たる日本的大黒天像であるが、右手を女握りしていて蓮華座の上の米俵に乗っている。その米俵は並行して開いた形であり、大黒頭巾も後世のように大きくはない。大型の布烏帽子の先が前に倒れた形で、いわゆる単なる頭巾である。

常光寺（奈良県）の大黒天

またこれよりやや時代が降ると思われる、奈良県奈良市徳融寺の大黒天は、女握りの代わりに打出の小槌を持ち、米俵の上に立つが、米俵が丸筒型でなく角型であるのは俵としては古い様式を示し、頭巾も布頭巾の左右が寝た形で後世の大黒頭巾とは異なる。

この米俵よりやや角に丸味がつけられているのは、奈良県奈良市冨久神社の恵美寿大黒天像である。

こうしていつの間にか大黒天像は米俵の上に立つようになり、打出の小槌を持ち、ふくよかな笑い顔になったのであるが、笑い顔に移行しはじめたのは以上の諸例から見ても、鎌倉時代頃からのようで、また福耳といって耳たぶが誇張的に大きくなったのも室町時代頃からのようである。

光明寺（滋賀県）の大黒天

徳融寺（奈良県）の大黒天

室町時代頃から特に流行した福神信仰は、やがて七福神信仰に発展するが、これらの福神は弁才天・毘沙門天を除いて皆異様に耳たぶが大きく、これを福相の一つに数えるが、大黒天の耳たぶは特に大きく下はしが外に開き、あたかも上古時代の結髪のみずらのようである。

ここにも大国主命の投影がうかがわれるとともに、恵美寿大黒一組の福神信仰にも、大黒天をあくまで日本の神としたい意図が見られる。

大黒天は、忿怒相からきびしい顔、憂いをおびた顔、そして笑い顔に変化したが、だいたいが年齢不明ながら老年でない顔であった。それが恵美寿神と一組にされた時点で、恵美寿神が髭鬚を生やしているので、大黒天も髭鬚をつけるようになった。

これは鎌倉時代から室町時代末期にかけて、男子は髭鬚を生やす風俗があったことの影響もあるが、髭鬚を生やすことによって老成した感じをあたえることも、大黒天の尊厳を添えるためには必要のことでもあった。

冨久神社（奈良県）の大黒天

そして福神であることを示すためには、福笑いするので豊かな好々爺の顔貌であらわすようになり、大黒頭巾にこの笑顔は誰が見ても大黒天とわかるようになって定着した。

大黒天の三摩耶形としては、大黒頭巾、大袋、打出の小槌、並んだ俵であるから、俵の上に打出の小槌が乗っている図や、置物だけでも大黒天の存在を示すようになり、さらに打出の小槌だけでも大黒天を意味した。

人間、福財を望まない者はないから、福神信仰は意外に根強く広範囲で、仏教とは別個に信仰の対象となり、恵美寿大黒から七福神信仰は今だに盛んである。したがって大黒天に仏教的に、「オン・マカラマ・ソワカ」とか「オン・マカキャラヤ・ソワカ」と真言を唱えるより、大黒天様、何卒私のこれこれの願いを叶えさせてくださいと、甚だ安直に祈るほうが多い。それほど親しまれているのは、日本古来の福神と思い込まれているからである。

大黒天は寺で祀る所が少ないので、他の仏神より少ないかというとそれは逆であり、天台宗や日蓮宗の寺の厨房に祀られているほか、現在でこそ祀ることが少なくなったが、地方に行けば旧家の厨房や床の間、あるいは床脇、長押の上に必ず祀られているから、仏神のなかでは一番多いのではなかろうか。そのうえ歳の市の熊手や、年の初めの七福神巡りのお符などを入れると、大黒天の尊像は一番普及している。

つまり仏教神でありながら、仏教で祀るより民間信仰として大衆に溶け込んで、現代に及んでいる。

なかには大黒天の彫像や尊像画は目出度いしるしとして家庭におかれ、江戸時代以来しばしば画材にされている。大和国郡山藩家老で風流と画才に富んだ柳里恭の描いた大黒天像は、右拳を親指をなかに入れた特殊の女握りに似た拳印を示し、満面の笑みをたたえているが、現代の感覚で見ると少々薄気味悪い笑顔である。

木彫家や面打師にいわせると恵美寿大黒の笑顔を彫るのは非常に難しく、心から笑みをたたえるようにするのには苦心を要するという。目付き、口付きによってかえって不気味になるのである。よく扇面形の板に恵美寿大黒の彩色面を並べて飾るが、どういうわけか血をなめたように唇を真赤にするのは悪い色感覚であって、屍林の空を飛行遊行して人の血肉を啜ったような恐ろしさを感じる。壁間に飾るものであるから、もう少し品よく色を工夫すべきであろう。

それはさておき、大黒天信仰は科学万能の現代にまで脈々と生きているのは嬉しいことである。経済大国と他国からいわれ、経営者たちも自負している今日、発展と欲得には限りがないから、事業にはコンピューターを導入して合理化をはかっても、精神的には逆に貧困となっているため、神仏にひそかに頼る気持が強く、なかでも地主神である稲荷や、福徳神である大黒天信仰が意外と多い。

北斎画の大黒天（模）

近代文化と流行と事業の競争渦巻く東京都中央区銀座への入口の一つである、JR有楽町駅の改札出口の突当りに木彫の大黒天が祀られている。昭和の前半まではこの像が見えなかったが五〇センチ大の黒々とした木像であるので、まわりの雰囲気と違和感があってすぐに目に付く。通勤の男女や銀座に遊びに来る人々は大勢この前を通るが、ほとんどが見向きもせず、稀に注目する人があっても、なぜこんな所に大黒天が安置されているのであろうかと奇異の一瞥を見せるだけである。

ところがこの雑踏のなかを身なりの卑しくない年配の紳士が一心にこの大黒天に祈りを捧げていた。大黒天像の前には供物があるときもあり、お賽銭もいつも上がっているから相当信仰者がいることは想像される。おそらく事業の発展や家内安全、福徳円満を祈る信心深い事業主たちであろうが、円満な笑い顔の大黒天像だからこそ祈るのである。

これがネパールやチベットの恐ろしい形相の裸形や多面多臂の大黒天像が置かれていたら恐れをなして手を合わせなかったであろう。宗教のあり方と国民性の違いであるから、大黒天に対する考え方や表現も異なるのはやむを得ないが、日本人は異国の神である大黒天までも日本的に消化して福神の最たるものにし、民俗信仰にまで深く根をおろしてしまったことは、宗教上からも驚異と思わざるを得ない。

現在では大黒天は摩訶迦羅《マハーカーラ》ではなく、あくまでも日本の福神大黒天なのである。

性神とも見られる大黒天

以上述べてきたように、インド宗教圏のなかの大黒天は甚だ気難しい恐ろしい神であるのに、民衆の絶大な信仰をかち得てきたのは、悪霊を払い人に仕合わせを授ける神とされていたからで、中国に入ってからは恐ろしい面が消えて食料保証の神となり、日本に伝わってからは食料確保ばかりでなく福を授けるのみの極上等の性格の神に変貌した。

福徳財宝を授かり平和に暮らすことができることを望むのは人間最大の願いである。したがって仏法僧三宝を護持する寺家のための神よりも、民衆の現世利益のための神として発展していった方が民衆の支持率はよくなる。

民衆もそうした仏神を求めていたからこそ、大黒天を信仰し馴染み深いものとし、民間の日常生活のなかにまで浸透していったのである。

福というものは、人間にとって必要なものが生産増殖してはじめて得られるものであるからまず食厨の保証であり確保である。

食料の保証は生産増殖であるから、そこに食料となるべき植物や動物の生殖が必要となる。

大黒天が福神としての要素を持ちはじめたのはこの食料の確保と保証からであるから、『南海寄帰内法伝』に記されるように、まず厨房に祀られたり、大倉庫（食料や財宝を納めた蔵）の警固神としてあらわれてくる。

その姿は金嚢を手にした神王形で腰掛けているのであるが、日本においては滋賀県秦荘町の明寿院に安置される半跏趺坐像に酷似する。この像は右手に何かをいっぱい詰めた小袋を持ち、左手に宝棒を立てて持っている。

袋は『南海寄帰内法伝』によれば金嚢ということになっているが、金に代わる他の財宝（たとえば宝石）かも知れないし、一粒が何百倍にも増産する植物の種、つまり穀類を生み出す物であるかも知れない。物を生み出すということは、そのためにつくられた機械でないかぎりそれは驚異であり神秘であって、そのパワーに霊力を感じる。

大黒天が持つこの小袋はそうした霊力を示すものである。またもう一方の手に持つ宝棒も悪や邪魔ものを払い、信仰する者を護るパワーを有する宝器である。この宝器でもって生み出すものを護り増殖して生活を保証し、それから仕合わせを生ぜしめ福を生じる。

それゆえに大黒天の持つ小袋は金（黄金の砂金か、黄金の小粒）でなくともよいのであり、黄金であれば使ってしまえば失われるだけであるが、穀物の種であれば播けば増殖し永遠に増えていくから、福のシンボルとしては穀類の種と見た方がよい。

このように大黒天は福をあたえるシンボルとして小袋と宝棒を持つのであるが、増殖ということは生殖行為によってはじめて可能である。故に右手の小袋は女性の子宮であり、左手の宝棒は男性の性器であり、大黒天の姿性格そのものである。

随分飛躍したような考えに見えるが決してそうではない。大黒天の本体はヒンドゥー教で最も尊敬されているシヴァ神である。シヴァ神は男性のシンボルであり、シヴァ男根《リンガ》としてあらわされている。

後世の日本の大黒天の後ろ姿をリンガの形に見立ててつくられるのも偶然の一致とばかり

はいえない。

つまり右手の袋（子宮）、左手の宝棒（リンガ）を持つことによって陰陽の合致をみてはじめて物が生まれ、そこから福分が得られるのであるから、明寿院の大黒天像は決して無意味に袋と宝棒を持っているのでもなければ、『南海寄帰内法伝』に記されたことの模倣でもない。

またインドの宗教哲学から見ても女性原理と男性原理を示して、その結合を掌どることを示したもので、袋状のものが女性、棒状のものが男性であることは世界中共通の観念であり、ここに改めてフロイトの説を持ち出すまでもない。

そして陰と陽を両手に持つことは男女平等に扱うことで、当時一部の仏家で女性蔑視の風潮があったことを打破する意味でもある。

またネパール・チベットの大黒天像すら恐ろしい形相で立ちながらも蓮華上に在るのは、大黒天がリンガ、蓮華はパドマで、これは女陰《ヨーニ》を意味し、シヴァ神がしばしば棒状のリンガとなり、その台座が臼か皿状になっているのはヨーニを意味し、リンガとヨーニの合体によって究極の真理を示しているのと同じである。

明寿院の大黒天は蓮華座や荷葉座に坐さない代わりに両手に陰陽を持たしめたのである。

福岡県太宰府観世音寺の大黒天になると小袋を持つのでなく、大袋を背負い左手で持って、右手は腰近くに拳印を示しているが、これは服装から見ても大国主命に習合したことがうかがわれるが、袋をやはり持つということは生産されるべきものが入っている袋であって、宝物とも穀物とも解釈できようが、これは女性器をも意味していることは当然である。右手の拳印は後に女握りに変わるが、杖を持つ手ともうけとれるし、まったくの拳ともとれる。拳とした場合にはこれはリンガである。

この右手を拳としたものは奈良市此瀬町公民館所蔵の大黒天にも見られ、これも杖を持つ手とも思えるが、拳であるとしたらこれもリンガをあらわしたものであろう。袋をヨーニと見ての上で、袋は子宮で左手で持つ袋の近くは膣である。

この拳が変化したのが東大寺法華堂（三月堂）の手水屋に祀られる大黒天像で、狩衣姿で背負った大袋の口を左手で持つが、右手の拳印は親指を人差指と中指の間から覗かせた、いわゆる女握りという形である。

女握りはマノフィカ（Manofica）といい、世界的に行われる女性器の擬似形で、ときには侮蔑や嘲笑の意味にも用いられる指の形である。

日本では女性器の意味に使われるが、霊力パワーのこめられたもので魔障のものをはらう呪《まじない》としてもおこなわれる。

女性器がこうしたパワーがあるように解釈されたのは日本古代からで、天宇受売命《あめのうずめのみこと》が天の岩戸の前で陰《ほと》をあらわして踊り、天孫降臨の折に猿田彦命と対峙して陰をあらわにしてたじろがせるなど、女性器は邪視を避けしめる呪のように特別の呪力を持つものと信じられていた。また栃木県鶏塚古墳発掘の女性裸形の埴輪は女陰まで表現されていて、古代に性器崇拝の思想からくる、魔障をはらう呪禁の意味で表現されていたのである。こうした思想は世界共通のもので、インドの仏塔の前方、鳥居状のものの横手には樹神である薬叉《やしゃ》神（ヤクシー）が全裸体で妖艶なポーズをとり陰をあからさまにしているのは、今日の日本では猥褻物陳列罪に当たるであろうが、インド宗教の清浄（『理趣経』による）的観念からいえば陰も神聖なものであり、これは絶大な呪力を有して外部から聖域への侵入を撃退する意味を持っているものである。

このように女陰に特別の呪力を持つことが古くより信じられていたから、大黒天が単なる拳印から女握りに変わっても、それはそれなりに意味あることと見ねばならない。

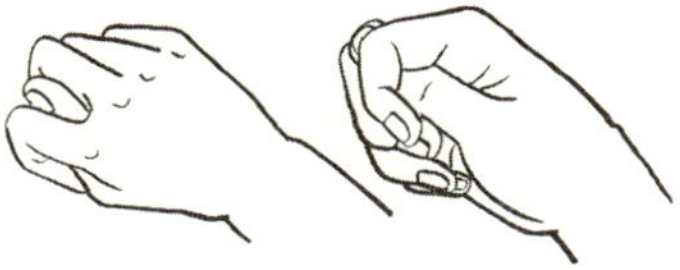
マノフィカの印相

左手の袋が子宮を意味し、右手の女握りが女陰を示すことは、女性の神聖な部分の表現がすなわち女性であり、大黒天本体が男根すなわち男性であることで、陰陽一体の和合と見るべきである。このように大黒天が性器を暗示するようになったのは、当時の民俗信仰に性器崇拝（幸の神や道祖神信仰）が根強くあったからで、出雲の神（縁結びの神）との習合がさらに裏付けとなったからであろう。

この和合結合によって子宝や物を生じ、増殖することによって福を将来するのであるから、日本の大黒天は紛れもなく福神であるということができる。こうした思想の根底によって鎌倉時代から室町時代にかけての大黒天には女握りの拳印のものがいくつか見ることができる。

それらはさきにもふれたが、奈良県生駒郡松尾寺安置の国宝大黒天像、奈良市興福寺南円堂脇の納経所安置の大黒天像、奈良県磯城郡三輪神社安置の大黒天像、滋賀県蒲生郡光明寺安置の大黒天像であり、静岡県田方郡修善寺の大黒天像も女握りであったといわれるが、現在は所在不明である。

このように拳印や女握りの大黒天像は打出の小槌を持つ像より古い時代の表現であるが、男女和合の真理を実に巧妙に示した方法といえる。つまり両手で女性をあらわし、大黒天自体の身体が男性であるから、その合体をもって完成された姿とする。また見方によれば男女の縁結びでもある。

出雲の神様は素戔嗚尊の御子大国主命といわれ、縁結びの神とされるが、大国主命は大黒天にも習合しているから、ここにも男女合体の表現をおこなう必要性があるのであろう。

大黒天がこの女握りから、やがて打出の小槌を持つ姿となって、その形式が定着して現在にいたっているが、この小槌を持つようになったことについてはいろいろの説がある。

喜田貞吉博士は『大黒神考』のなかで女握りは土《つち》の印相であって、土が槌に代わったとし、また別の説では拳印は槌の印相であるともする。南方熊楠は『十二支考』の「鼠に関する民俗と信念」のなかで、古今東西の諸例を説いて大黒天は本来闘戦神であるから「厨神大黒もなかなか武備怠りおらぬという標《しるし》に槌を持たせたのが後には財宝を打ち出すばかりに心得らるるに及んだと見える」と述べているが、前述したように、大黒天の持つ槌は柄の長い戦闘用の槌ではなく、砧《きぬた》状の柄のごく短い片手で物を打つ槌であって、杭を打ち込んだり、城門破砕用の槌（掛矢）ではない。槌であっても目的が異なるのであって、破壊のための槌ではなく、打つことによって物をつくる槌である。さきに『今昔物語』の例を上げて鬼が腰にはさんでいた槌も小槌であって霊力ある槌で、武器としての槌でないことは明らかである。

小槌で打つことは物の破砕でなく物を生ぜしめる槌であるから、打出の小槌という。霊力のある小槌であって、これは日本的発想のものであるから、如意宝珠のごときものである。『大黒天神経』にも、

　爾時《なんじ》に如来大衆に告て言《いわ》く、今此の会中《えちゅう》に大菩薩あり。名《なづ》けて大福徳円満自在菩薩と曰《い》ふ。此の菩薩往昔正覚を成じて大摩尼珠玉如来と号す。今自在業力を以ての故に、娑婆世界に来りて大黒天神と顕われ

とあるごとく、如意宝珠《チンタマニ》のごとき如来であったのが大黒天に化身したのであるから、大黒天が如意宝珠を持っても表現としてはおかしなものではなく、現に山形県山形市の立石寺の三面大黒天は如意宝珠を持っている。

大黒天の持つ小槌の面に如意宝珠が描かれているのは、如意宝珠が、意のごとく願うこと

を叶えてくれる宝の珠であるから、意のごとく福を打ち出してくれるという小槌に相応しいものである。故に小槌の面に如意宝珠を描いてあるのであって小槌はすなわち如意宝珠であることを示したものである。

そこで小槌と如意宝珠について考えてみよう。

小槌は物を打つためにつくられたもので立体的のもので、打つ、叩く、引くという動作の繰り返しを行う道具であるから男性である。その立体的形から推しても男性器である。

その叩く面に描かれている如意宝球は形態からして女性器である。宝珠というのは珠の頂上が尖っているように誤解され、これが一般の珠玉と如意宝珠との違いのように説いたり、水滴・火球になぞらえられているが、球という用語どおり、正しい球形が本当である。

それが如意の用語を冠するように特殊の霊力ある球であるために、光輝くエネルギーを示すために表現として球のまわりを火焔であらわした。まわりから立ち上る火焔が集中した頂点を尖って表現したので、それが誤解されて球の頂点が尖っている珠を如意宝珠とするようになったもので、これは日本的発想である。立体的に宝珠を表現するときには、宝球は水晶あるいは硝子などで正球をつくり、その四方あるいは三方、二方に金銅で火焔状に包み、火焔が中央で結合した所が尖ったように表現する。しかし絵として描いた場合には外廓の火焔もふくめて描き、中央頂上の尖った球とするので、この形をもって如意宝珠と誤解するようになった。そして球体の上方には数段の環状の線を描いて立体感を見せようとしたのであるが、いつしか環状の線は如意宝珠としての特徴づけにすぎない形式的なものになった。

この火焔に包まれた形式的平面画の宝珠が女陰に類推され、如意宝珠は女性器のシンボルに見られるようになった。

打出の小槌の面に表現されている宝珠の模様は女性を意味するものである。つまり打出の小槌というのは男性と女性の合体したもので、その合体したものであるからこそ子宝も生じ、もろもろの福を生じるのであって、福を打ち出す槌であるから打出の小槌といわれるのである。

小槌も、平面的に表現された宝珠も日本的発想であって、日本的に福神化した大黒天の持物としては相応しいものである。

また『一切如来大秘密王微妙大曼拏羅経』一に「一切悪および驚怖障難を除くに、普光印と槌印を用ゆべし」とあることを南方熊楠は引用しているが、悪の排除、障難除去にも金剛槌を用いる仏家の説があるから、大黒天の持ち物に槌が選ばれても少しも不自然でないが、その槌をもって男女合体をあらわし、福神としてのシンボルにしたのは卓越したアイデアである。

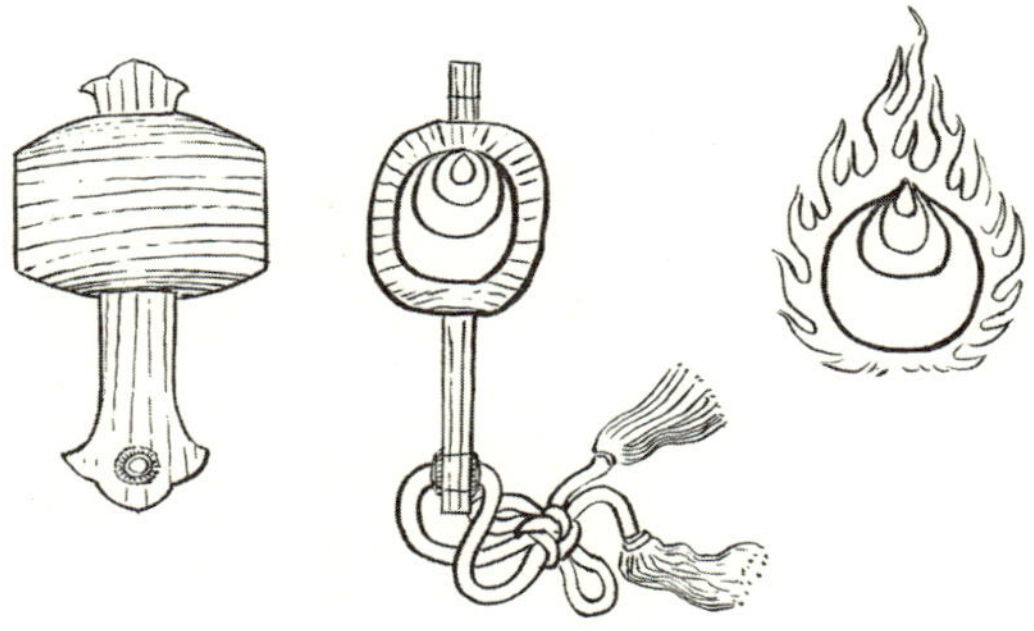

打出の小槌と如意宝珠

備前焼の大黒天
（前・大黒天　後ろ・リンガ）

またそうした性神的思考から、後世は往々大黒天を男性のシンボル的に見立てる試みもあり、これは表現からその意図が汲みとれないが、背部からこれを見ると男根《リンガ》に紛う形となる。

すなわち大黒頭巾が亀頭に当たり、背負った袋と後ろ姿が男茎、二つの米俵が睾丸に見えるように意識的につくったものがあり、これは京都の伏見人形などにあり、さらに顕著なものは備前焼などにもある。これらは一部の好事家の好みによるものであろうが、娼家の仏壇や神棚の一隅に祀られ厚い信仰をうけていたことは、性を通じて福を得ようとする民衆の切ない願いからであった。

これも日本人の発想であるが、だいたい大黒天の本体はシヴァであり、シヴァはインドにおいてはシヴァ・リンガといって、男根状のものに表現して、その柱状の途中に一面あるいは三面のシヴァの顔をあらわした石または鋳造のものが厚く信仰されているから、大黒天が男根に擬されているのも無理からぬことである。

大黒天は大国主命と習合して同一神に見られているが、大国主命自体も好色神として見られていることは周知のとおりである。

稲羽の八上比売、出雲の須勢理毘売、高志の沼河比売、胸形奥津宮の多紀理毘売、神屋楯比売、八嶋牟遅能神の娘鳥耳神などを夜這婚して歩き仲々お盛んである。このほかに大三輪の神となってからも三嶋溝獬耳神の娘玉櫛媛、倭迹々日百襲姫を犯している。

大国主命は記紀によれば、大穴牟遅神《おおなむちのかみ》（大己貴神）・葦原醜男《あしはらしこお》（葦原色許男神）・八千矛神《やちほこのかみ》・宇都志国玉神《うつしくにたまのかみ》・幸魂《さきみたま》・奇魂《くしたま》・大三輪之神《おおみわのかみ》・大物主神《おおものぬしのかみ》等の別名があるが、これらの名も性的意味が濃厚である。

大物主とは大きい物の所有者で、国を持つ福者であるが、大物すなわち巨根の意もあり、大穴牟遅は大穴持ちで、巨根をうけ入れるのに相応しい女性を持つ意、八千矛は沢山の武器に意味されているが、矛が男根を意味していることは言をまたないであろう。葦原醜男を『古事記』では葦原色許男と文字を選んだことも理由なしとはいえない。

このように大国主命は、シヴァ神のごとくいろいろの性格を持つシャクティの絶大なパワーを有する大黒天《マハーカーラ》と、同一視しやすい要素を持っているので、習合して純然たる日本の福神として民間に信仰されるようになれば、日本の民俗信仰には古代より性神信仰の土壌があるから、いっそう性神の仲間入りをさせたい傾向を生じる。故に大黒天の後ろ姿、あるいはシルエットをリンガに見えるように彫るので、シヴァ・リンガとはその出自が異なりながら、偶然にもその表現に一致が見られるのである。

このシヴァ・リンガは大抵の場合輪状の筋の彫られた皿状のものの中央に聳立している。皿状のものは前方に少し突き出した形となっており、シヴァ・リンガの頭から水をそそぐと

シヴァ・リンガ

水は柱を伝わって落ち、皿の輪状の溝を伝わって突き出し口から流れ出るようになっており、この水が有難い聖水なのである。

中央の柱状のシヴァが男根《リンガ》で、下の皿状のものがパールヴァティーの女陰《ヨーニ》であって、これは結合をあらわし、そそいだ水は神聖な愛液である。

このようにシヴァ神崇拝はシヴァ・リンガを神聖なものとして崇拝するが、大黒天の持つ打出の小槌も、このシヴァ・リンガと同じ発想からきている。槌が男性のもの、槌面の如意宝珠の図が女性のもので、男女の結合のシンボルと見て差し支えない。

大黒天に対してこうした性神的見方が普及するから、大黒天を男性のシンボル、大根を女性のシンボルという発想も生まれてくる。

大根は二股大根が選ばれるが、その色の白さと滑らかさから、これを裸の女体に見立て大黒天に二股大根を供えることによって、大黒天に嫁を捧げたことになり、満足してくださされたであろうから、代償として福を授けてくださいという、きわめて単純な庶民的考えからである。

これは室町時代頃から民間におきた慣習で、二股大根は甲子の日に供えることになっていた。甲子は十干十二支の組み合わせで六十配当して一周するが、甲は干支のはじめである。

干支は幹枝で兄弟のようであるから兄弟《えおと》であり、これをつめて「えと」という。干は中国の五行説からでたもので、木・火・土・金・水を兄と弟に分けて重ねて用い、木兄《きのえ》（甲）、木弟《きのと》（乙）、火兄《ひのえ》（丙）、火弟《ひのと》（丁）、土兄《つちのえ》（戊《ぼ》）、土弟《つちのと》（巳《き》）、金兄《かのえ》（庚《こう》）、金弟《かのと》（辛）、水兄《みづのえ》（壬）、水弟《みづのと》（癸《き》）と十に分けるので十干という。

十二支は子《し》・丑《ちゅう》・寅《いん》・卯《ぼう》・辰《しん》・巳《し》・午《ご》・未《び》・申《しん》・酉《ゆう》・戌《じゅつ》・亥《がい》で、これを鼠《ね》・牛《うし》・虎《とら》・兎《う》・龍《たつ》・蛇《み》・馬《うま》・羊《ひつじ》・猴《さる》・鶏《とり》・犬《いぬ》・猪《い》の生き物に当てたもので、これを組み合わせて、年・月・日・時間・方向の名称とした。十二支を動物の名に配したのは後漢の王充の『論衡』の物勢篇にあるから、少なくとも漢時代から当てはめたものであろう。

甲子は最初の日に当たるので、物事をはじめるのに慎重にして縁起をかつぐことが昔からあり、子《ね》を鼠に当てはめたために鼠は大黒天の御使獣とする俗言から、甲子の日に大黒天を祀る習慣があった。

この日に二股大根を大黒天に供えて大黒天のご気嫌をうかがうので、都市にかぎらず農村でもおこなわれた。『堀河百首狂歌』も「大黒のけふもとりもつ子《ね》の日かな二葉の松を大根にして」とある。二股大根の代わりに二股になった松葉を代物として供えたというのである。『守貞漫稿』にも「毎月甲子日ハ大黒天ヲ祭ル。三都トモフタマタ大根ヲ供ス」とあり、三都とは江戸・大坂・京都であるが、こうした都市より大根を直接生産する農村の方が盛んであった。

現在でも山形県置賜地方では民間行事として、十二月九日（昔この日が甲子に当たっていたのが年中行事のごとく執り行う日に固定した）には、「大黒様の嫁取り」といって、二股大根を朴の樹の葉に包んで大黒天像や画像の前に供える風習が残っているという。

こうした風習がすたれていくことは、大黒天に対する信仰が薄れていったからであるが、そのくせ年頭には初詣を兼ねて七福神巡りや、豆粒ほどの恵美寿大黒の鋳像を財布のなかに入れて、秘かに財物や幸運を得ることを期待している者も多い。

大黒天のお喜びになりそうなエロチックな二股大根は、現在、青物商やスーパーの野菜売場では見ることができなくなったのは、出荷に当たって農協などで、基準外の品として不合格品にされてしまうからであるが、二股大根は膚艶といい形といい、ほんとうに女体を想わせるので、男性の代表である大黒天への供物として、誰の思いつきか不明であるが民俗的には面白い。但し現代人が二股大根を見て女体と直感できないのは、現代の美的感覚から見た女体は胴がくびれてその曲線に魅力を感じるのであるが、二股大根には胴くびれはなく、いわゆるずん胴型で、昔の女性の形である。

江戸時代においてはこの二股大根を甚だエロチックに感じたから、大黒天に供えるのをしばしば戯画化し、葛飾北斎などは大黒天が打出の小槌や宝の袋を持たず、二股大根を首にかけて担いだ図をいくつも描いている。つまり大黒頭巾に当たる所が大根の股に当たり甚だ意味深長であり、一種の笑い絵であるから見る人が見ればうなづける目出度い絵であった。

この組み合わせの図は昭和時代の初め頃まで用いられて、都会などでは初夏に入る頃に、出入りの八百屋（青物商）が団扇《うちわ》絵に印刷したものを持ってお得意様に配っていたものであるが、現代の若い人たちがこれを見ても何の判じ物か、なぜ大黒天が大根を担いでいるのか、その意味を理解するのに苦しむであろう。

そのくらい大黒天は寺院の信仰としてより民間レベルでの人気と親しみがあったのであるが、民衆は大黒天が恐ろしい神であるなどとはまったく認識がなく、ただ福をあたえてくださる神であり、円満な笑い顔でありながら甚だ性神的要素を持つ親しみ深い神としてとらえていたのである。

地方で二股大根を大黒天に供えて「大黒様の嫁取り」と称したのは、以上述べたごとく二股大根を女性の裸体と見て、大黒天に女体を差し上げて、その見返りに福を授けてもらうという考えからであるが、インドのマハーカーラの妃は恐ろしい夜叉神カーリーガットであり、日本の大黒天の妃は市杵島姫命《いちきしまひめのみこと》である。とすれば二股大根は市杵島姫命に擬されたともいえる。

このように大黒天は甚だ性神的見方が濃厚であるから後世の天台宗の一部でも摩多羅神（摩訶迦羅神、すなわち大黒天）を『円壇大事』のなかで、

摩多羅神ハ三道三毒ノ体也。二童子ハ業煩悩、中ノ神ハ苦道也。中ノ神ハ癡煩悩也。二童子ハ貧瞋ノ二也。三道三毒生死輪廻狂乱振舞ヲ表シテ歌ヲ歌ヒ舞ヲ舞フ也。中ノ神ハ

鼓ヲ打チテ拍《はや》ス。苦道即法身ノ振舞也。二童子ハ歌ヲウタフ。左ノ童子ハシシリシシニシシリト歌フ。大便道ノ尻ヲウタフ也。右ノ童子ハソソロソニソソロソト歌フ。小便道ノソソヲ歌フ也。男子女子童男童女ノ振舞ヲ舞ニ舞フ也。殊勝ノ本尊也。生死煩悩ノ至極ヲ行スル跡ニテ事ヲ舞ヒ歌フ也。所以ニシリソソヲ為《シシ》スル其便道ヲ為《シシ》スル婬欲熾盛ノ処也。之ヲ秘スベシ。口外スベカラズ深秘ノ口決ナリ。鏡像円融ノ口決ハ以心伝心ノ故ニ紙面ニ載セザル重事ナリ。コノ歌ノ言ヲ世人之ヲ伝ヘ来リテ男女ノ持物ノ名ヲ呼ブ也とし、摩多羅神の歌は性器をたたえるごとく説いて深秘中の秘としている点は、後世において大黒天が性的に結びつけられつつある世相に便乗した感がある。

したがって大黒天の使い獣として見られるようになった鼠も、近世では二股大根と同じく「嫁」という語が用いられるようになった。『家頼卿家集』にも尼上の持っていた蓮の実の数珠を鼠が嚙ったのを見て、「よめのこの蓮の玉を食いけるは罪失なはむとや思ふなり」とあり、江戸時代でも公卿衆は正月は三日まで鼠とはいわず「よめ」といったのは、夜活動するから甚だ意味深長な表現である。

また明暦二年（一六五六）版の貞宝の『玉海集』にも「よめをとりぬる宿のにぎわい」、「小鼠をくわえた小猫ほめたてて」の連歌もあるから一般でも称したらしい。これは「大黒天の嫁」からきた縁起語であろう。

また大国主命と大黒天が習合したことにより、大国主命を祀る出雲大社が、男女の縁結びの神と見られるようになったことも、大黒天が性神と見られていた一例である。
大黒天が幸の神（道祖神）と結びついた記録は見られないが、道祖神の多くは金精神であり、リンガまたはヨーニを示すが、遺物としての大黒天の後ろ姿がリンガに象られていることは前にも述べたとおりで、民間信仰としては往々大黒天と混同されていた形跡がある。『源平盛衰記』に実方中将が奥州笠島の道祖神に蹴殺さるる条に、その道祖神が、
これは都の加茂の河原の西、一条の北の辺におわする出雲路の道祖神の女なり
と名乗ったことが記され、この時点では出雲大社と道祖神とはまったく関係がないが、性神として遠国にまで聞こえていたので、中世では道祖神自体が男女縁結びの神と見られていた。『曽我物語』にも、
いづも路の神に誓いは浅からず妹背の中はかわらじとこそ
とうたわれるほど出雲路の道祖神は縁結びの神として有名であったのが、出雲路から出雲自体にすり代わって出雲の神社（大社）が縁結びの神というようになり、性神大黒天のイメージがさらに重複したものであろう。
また大黒天と大根の取り合わせはいつ頃からはじまったか詳らかでないが、大黒と大根と似た所のある音であり、大根は漢語で莱菔ともいい、来福の共通音から福神の大黒天に結びつけられ、また蘿蔔《らふ》ともいうが、「らふ」は現代的用語で裸婦にも通じ、二股大根は裸婦の姿であるから性神と見た大黒天に捧げるのはまったく相応しいといえる。これは聖天（歓喜

天）の場合も同じである。

おそらく大黒天が民俗信仰に浸潤していった過程で、素朴な発想から二股大根が供えられるようになって、それが定着したものであろう。

大黒天の台座

大黒天の台座は近世ではほとんど並んだ二俵の米俵の上に立つものが多く、米俵も大黒天をあらわす三摩耶形の一つになっている。したがってときには尊像を略して、米俵の上に打出の小槌を置いただけで大黒天をあらわした絵や置物もある。

外国（ネパール・チベット等）の大黒天はほとんど仰臥した人体か、仰臥した象の上に立っているが、人体はおそらく烏屍尼国の奢摩奈耶という大密林の死体であろうし、象は背を覆うために用いた象皮を得るために踏みつけたものであろう。

象は聖天（ガナパティ、ヴィナーヤカ、ガネーシャ等と呼ばれる）を意味したものでないことは、胎蔵界曼荼羅で大黒天《マハーカーラ》は聖天《ヴィナーヤカ》の右に位置しその眷属であることによってもわかる。

象を踏んで立つ像はチベットの画像および鋳像に多く見るところであるし、人体は大黒天の通力ある秘薬を求める者が血肉を提供する姿であるかも知れない。

また『大正大蔵経図像』に見られる忿怒裸形の三面六臂の大黒天は密教の大黒天であるが、

これは結跏趺坐しているので、蓮の実状の縁が装飾された座に坐っている。こうした座は天部の神によく見るところであるが、チベットの立像は蓮華座である。

また義浄の『南海寄帰内法伝』に記された神王形の大黒天は、「坐して金嚢を把《と》り、小床に却踞し、一脚は地に垂れ」という半跏趺坐形であるから椅子か何かに腰掛けている姿で、これは厨房や倉庫を守っているのであるから腰掛けでよい。ちょうど滋賀県秦荘町明寿院安置の大黒天が岩座に腰掛けているのと同じである。

ところが鎌倉時代以降の大黒天像になると、蓮華座と荷葉座（蓮の葉の座）の上に立つ像が見られるようになる。

そして室町時代頃から急に二俵の米俵の上に立つようになるが、この理由については一切不明である。これは大国主命と習合した結果であろうと思われる。

厨房の守り神とされるところから主食の代表として米が連想され、米を納めておくのは米俵であるから日本的発想として、台座が米俵に変じたものと思われる。千人の僧の食生活を保証したことが経文にあるごとく、米は貴重な物資で、昔の貢租は米（米俵）であり、封建時代には米は金銭に代わる基準であった。

武士の俸禄が石高（石・斗・升・合の十進法で一石は今の一八〇・三九リットルに当たる）で数えられるのであるから米は財物の一部である。つまり米の保証・給与の財物・金銭の給与と同じであったから米俵は福のあかしである。

そのうえ大国主命は出雲の国土経営の神で、国土経営は瑞穂国といわれる上古の稲を主体とした農耕生活の向上であるから、大国主命と習合したからには米穀で福を示さざるを得ない。

こうした点から大黒天は俵に乗るようになったのであろうが、他の仏神に見られない構図である。農耕を主とする民族の地主神である稲荷神が、同じような性格に変えられた弁才天と習合したときに、『天川曼荼羅図』に見るごとく弁才天も米俵を宝物の一つとして描かれるようになるが、大黒天は福神として大衆に密着する過程においては、これと同じく米俵の表現は欠かせない条件となった。

江戸時代に大道芸人が年頭に門付けして舞い踊る大黒舞にも、「大黒様と言う人は、一に俵を踏んまえて、二ににっこりと笑って……」とあるごとく大黒天と俵は切り離せないものであった。

大黒天を彫る用材

大黒天を祀る寺社は稲荷神や弁才天には及ばないが、民間信仰の面から見ると、大黒天（恵美寿神と一組にしたものをふくめると）は仏神のなかで一番多いと思われる。昔は商家は必ず恵美寿大黒を祀り、貧しい人を除いては町家でも農家でも必ず一組や二組が祀られていた。

こうしたなかには寺社からいただいてきた墨刷りのお札や、軸物、絵画もあり、貧しい人でも正月の宝船の札（七福神が宝船に乗った墨刷りの絵で、これを買って枕の下に置いて縁起のよい初夢を見ようとし、その年の幸いを期待する）ぐらいは持っていたから、大黒天像はまったく民衆の生活に溶け込んでいて一番多いと見てよい。したがって画家に命じて描かせた密画の大黒天画像も多く見るところであるが、木彫・鋳像・焼物の像も多く見られる。

しかし本格的にお祀りする場合にはほとんど木彫が多い。寺院の場合は蠟燭や線香の煤で黒光したものが多く、民間においては厨房の棚に祀るので真黒になっている。たまたまこうした歴史のある大黒天像が富裕の家に求められて、床の間や床脇の袋戸棚の上に安置されるが、煤を拭い去ることなく黒い身体のままである。これは『孔雀王経』や『大黒天神法』にあるごとく黒い身体であるが、黒闇の神であり、民族的にいっても黒い皮膚の神様なのである。特に『南海寄帰内法伝』に記されるごとく、毎日油で拭かれれば木彫の場合黒光してくるのは当然で、いかに彩色されていても黒きをもって佳とし、それがまた像の歴史と年代を示して有難さが増すというものである。

お厨子に納められたものや、新しく彫られたものは別として、黒いお姿が大黒天らしいということになるが、日本においては宮城県金華山神社の社頭に安置されている鋳造の大黒天像は数少ない方で、だいたいが木彫である。

木彫の場合には『大黒天神法』によると、五尺（約一・五五メートル）、三尺（約一メートル）、二尺五寸（約八〇センチ）と定められ、『南海寄帰内法伝』には二尺（約六六センチ）あるいは三尺としているが、唐尺であれば多少異なる。

太宰府観世音寺の樟一木造りの大黒天像は五尺強（約一・七一メートル）であり、古い時代ほど大型であって寺院に祀られているのは大きかったが、室町時代頃から民間信仰が多くなるとしだいに小型化してくる。これは民間において厨房の柱や棚上に祀る風習が流行したからであろう。

一般に木彫の場合には樟・朴・檜・白檀の木が用いられるが、いかなる理由か江戸時代には橋板の使い古して外された板を用いるのがよいとされた。それで『堀河百首狂歌』にも、

橋板で作りたてまつる大黒やふくとくとくとわたすなるらん

と詠われている。また『篗絨輪』にも、

橋でふまれて後に大黒

という付句（連歌で一人が発句を出すと、もう一人が七七の脇句を出すをいう）もある。こうしたことから橋大工は橋に使用した廃材を大切に保管し、特に端から三枚目の板が一番よいとされたが、その理由はわからない。

川柳にも「橋大工どれをくれても三枚目」というのがあり、大黒天を彫るために古橋材を橋大工の所に求めに行くと、これは三枚目の板だといって売りつけるというのを揶揄したものである。

現代では木橋が少なくなったし、厚い橋板もなくなったから、こうしたもので大黒天を彫る者もなくなったので、ほとんど檜材・柘植材・白檀材などで、大黒面などは桐材をも用いる。そして小型化していく一方で、大抵は厨子に納めたり床脇の装飾にしたりするので、甚だしいのは黄金製・銀製から、鋳造のものまであり、なかには民芸的に焼物・テラコッタ・一閑張り・練物から、最近では合成樹脂まで用いられ、置物として飾るものから、小銭入れに納めたり、守袋に入れる小粒のものまである。

昭和初期頃までは台所の棟や神棚に飾られて、線香や蠟燭の煤で黒くなり滅多に拭かれなかったが、最近では色彩鮮やかなものや金鍍金されて置物のように用いられ、信仰というより縁起的装飾品とされつつある。

数年前にある霊能者が大黒天の小像の示現を得て、それを守護神としてお祀りしているが、何の用材でつくられたか、地球上では見当たらぬ物質であるといい、それが週刊誌に発表され写真も掲載されていたが、その尊像は現代我々が見馴れているところの大黒天の姿であった。この霊能者は普段我々が見馴れている大黒天像しか知らぬ知識の程度であるから、これが大黒天の示現であると宣伝して迷える民衆を惑わしたのであるが、大黒天の本質を知ればこうした大黒天は示現しないはずである。

現在我々の見る大黒天の尊像は、日本人の手によって日本的につくられたものであるから、本当の大黒天の尊像とは異なるものである。

ちなみに大黒天の福々しい笑い顔は彫り易くして逆に非常に難しく、見る人をして思わず顔をほころばせ和《なご》ませるような顔に彫ったものは少なく、だいたいがつくり笑いしている顔のものが多い。したがって大黒天を彫る彫師（現在でいう彫刻家）は顔には大変神経を使うようである。

現代では一つのよい型があると、それを練物・焼物の型として、いくらも量産できるが、これらは仏師が心をこめて一体ずつつくるのではなく、量産の職人的仕上げ方であるから皮膚の色も低俗で、特に唇は口紅で染めたように真赤であり、細めた目にも卑猥低劣のものが多い。こうした感覚のものを面として恵美寿と並べて、末広がりの縁起から扇面の板に留めて縁起物として室内に飾られるが、あまり感じのよいものではない。

もっとも酉の市の熊手の飾り立てには、枡に安物の金箔を貼ったテラコッタの恵美寿大黒をおいてあり、宝船の一員とされた大黒天は毒々しい色彩で尊厳さは微塵もない。縁起の熊手のごとく福や金銭を掻き集めようと欲張る民衆の求める品であるから、そのなかの大黒天が気品に欠けるのは無理からぬことかも知れない。

今日身近かに見られる大黒天は、五等身から甚だしいのは三等身ぐらいのものがあり、いささか漫画的なところに親しみがあるのであろう。しかし考えてみると、これくらい不釣合いな像は他に類例がないのであるが、見馴れているせいか誰もこれに対して矛盾を感じない。神仏は特別であるという潜在的思考があるからである。

大黒天の功徳

大黒天はインド・ネパール・チベットにおいては夜の支配者、死神の王として恐ろしい形相につくられているが、その大神力をもって悪霊を払う神であるところから民衆に厚く信仰された。そして、人々に長寿を授け、隠形の術を教え、またいろいろの秘薬をあたえて人々の欲望を満たしてくれるが、それには交換条件に人の血や肉を要求するという忌まわしい性格を持っていた（『孔雀王経』）。それに加えて千王の頭を供えさせれば百戦百勝の武運を授けるという闘戦神でもある（『賢愚経』・『仁王経』）。

こうした好戦的な恐ろしい神であるのになぜ民衆は厚く信仰するのであろうか。

人間は本来闘争心や競争心を払拭できない生き物である。絶えず他人より優位に立ちたいという潜在意識を持っている。それを叶えるには他人よりすぐれた才能や腕力・力量である。これを叶えてくれるのが大黒天であって、他の仏神のように一心に祈って帰依すれば、これを憐れんで慈悲を垂れるのではなく、望みのものが欲しければ血肉を提供しろというのが大黒天の性格であった。つまり多少なりとも出血の犠牲を払ってこそ望むものが得られるのだという、甚だ現実的な割り切った考えである。握り拳で得をしようとするのは通用しないということを示している。

もっとも古代宗教や東洋思想には、神に犠牲《いけにえ》を捧げて願いや感謝のしるしとすることがあり、インドではこれを獣類をもって犠牲とし、神道でも犠牲という表現でなく鳥魚類を供える。悪名高いブードウ教においては現代でも人間の犠牲を捧げる秘儀がある。

しかしこれら犠牲を捧げるというのはずるい話で、自分の願いを満たすために自分が出血しないで他の物を利用するのであるから、この点からいうと大黒天の方が割り切っていると見てよい。但し日本で形成された大黒天は、決して願う者の血肉を要求せず、わざわいもあたえず、ひたすら福のみをあたえるという、誠に人間にとって都合のよい神様である。

大黒天が人間にあたえてくれる秘薬のなかで長生の薬というのがあるが、これは不老長寿の秘薬であろうし、大抵の人間の望むものであるが、長生きするには当然生活していける保証がなければならないから、生活でき得る物資財力がともなわなければならない。それが福分であり昔風にいう財宝である。つまり生命を継続させてくれるエネルギーと、エネルギーの補給源である財宝をあたえてくれるのであるが、それを得るためには努力せねばならない。その努力が出血であり、血と肉の提供である。このように考えると大黒天が血肉を要求することは何も残忍なことでも何でもない。当然のことである。

また隠形の薬をもあたえるということも、伝説的忍者のごとく、ドロンと術を使って姿が見えなくなったり、映画の透明人間になる薬ではあるまい。相対した相手でなく第三者的立場、超越して観察し、批評したり学んだりできる境地になれる薬という意味であろう。

こう解釈すれば大黒天は忌まわしい神でないことがわかる。荼吉尼天を懲らしめるために毘盧遮那（大日如来）が大黒天に変身もしくは使者として遣わしたのであるから、忌まわしい神であるはずがない。

昼のシヴァ神（兇暴な破壊の性格）の分霊化としての大黒天は恐ろしい神（ヒンドゥー教）であったろうが、仏教に取り入れられて性格の再編成がされてからは、人を導く立場であるから、出血（努力）させてはじめて人も己れも批判して悟りの境地に近づける薬（方法）を授けたのであろう。夜を支配し屍林に住むからこそ人の死の無常さを感じ、こうした薬をあたえようとするのである。

そして生命の活力源は食料の確保にあるから、具体的に厨房や食庫の保護者というふうに見られてくる。仏教から見れば仏教の護持者・僧が第一であるからまず僧の生活保証からはじまる。故に僧院の厨房や食庫（食料を納《い》れた）の守護の役を勤めるようになる。

それがやがて『大黒天神法』に説くごとく、僧だけでなく一般大衆をも救済保証するように範囲が広げられるが、大衆に説くには現実的でないと理解しにくいので「吾を信仰して三年間一心に供養すれば思いのままの富貴栄達が得られるであろう」と説くようになるが、これは果たして大黒天がいったものか、大黒天という神を僧が大衆に知らしめるためにつくったものか、わからない。ここでは食料確保からさらに富貴栄達に発展している。大黒天が福神として見られるようになったのはこれからである。

民衆にとって富貴栄達は財宝所有であり、財宝の代表は通貨にもなるという黄金である。後世の大黒天の画像に打出の小槌を振って大判・小判が現出する所が描かれているのは財宝の代表としての表現である。

宮城県牡鹿半島の瀬戸を距てて金華山島がある。ここに黄金山《こがねやま》神社があって金山毘古、金山比売が祀られていたが、江戸時代までは大金寺があって神社を管掌し、弁才天も祀られて日本五弁才天の一つに数えられていた。これはこの対岸で日本ではじめて黄金が採れたので黄金の神として祀ったのである。大伴家持も「すめろぎの御世の栄えんと東なるみちのくの山に黄金花咲く」と詠じた所であるが、現代は境内に打出の小槌を持つ大黒天の銅像がある。

これは黄金（富と福）をもって大黒天と習合したもので、俗伝では、この大黒天に三年続けてお詣りすれば金銭に不自由しないとしているのは『大黒天神法』によったものであろう。

大黒天神を信仰したのは徳川家康で、大黒天を夢見て、大黒頭巾形の兜の付く具足をつくったのは有名な話であり、印形にも用いたりしたが、家康自体も大黒天に擬して描かせた顔貌の肖像画が多い。だいたい家康はあまりよい相でないことは三方ヶ原敗戦を教訓として描かしめた戦陣影は決して福相ではない。しかし晩年は肥満したせいもあって大黒天のように福相に描かしめ、耳も大黒耳のごとく福耳とし、大黒頭巾をかぶせたりしている。武将であるから闘戦神として信仰していたのであろうが、徳川二百七十年近くの泰平を続かしめ治国平天下を理想としていた家康には、やはり福神としての信仰も持っていたであろう。

古来、大黒天信仰によって福を授けられた話は数多くあるが、それらは月並であるので、大黒天信仰の異聞を二つばかりあげる。

江戸時代後期に、御徒という下級武士から勘定奉行・町奉行に累進した、根岸肥前守鎮衛《やすもり》が書き留めた『耳袋』という随筆は、当時の市井の見聞をまとめたものであるが、そのなかに「大黒を祈りて福を得し事」というのがある。

浅草福井町（現在の東京都台東区浅草橋一丁目あたり）に元禄のころとや、いたって窮迫せし善五郎といえる、常に正直なる者にて、大黒を信じけれどもそのしるしもなく、或年の暮れに甚だ難儀なるまま、夫婦寄合いて、かく困窮なる事まことに生きしかひもなし、所詮命継ぐべき手段なければ、身を捨ててこのあたりの福者の方え盗みに入り、いささかなりとも金銭盗み取りてなりとも、年を取るべしと申しければ、その妻押止めて、食尽きなば飢え死ぬべし、かかる事な思い止まりねと諫めけるゆえ、その妻寝入りし後、さるにてもいかがせんとひそかに忍び出て、近辺富家の家をのぞきしに、板塀ありて物のすきよりこれを見るに、灯火照りかがやきしまま、いかなる事やと右塀のすきえ手を懸窺いありしに、折ふし雪の後ゆえ滑りて踏みはずして下へ落ちて絶え入りしが、夢心に大黒天あらわれ、傍に金銀珠玉おびただしくありしを見て、大黒に向い、この年月信仰御祈念致し候に、それ程多き金銀を我に少しも恵み給わざるやと、うらみければ、その金銀にはぬしあり、その方に与えたけれども、その方にて与う福分なし、この金銀の主え借り受け候よう、のたまうゆえ、右主はいかなる人やとたづねしに、このあたりいづ方の木戸際に野臥りせし非人なり、右の者ゆえ、我が望むほどの金高を証文に致し相渡し、借り受くべし、とありしより夢さめて直ちにその足にて所々たづねしに、いかにも汚気なる無宿薦《こも》をかぶり臥せり居りしを起し、我に金三百両貸しくれ候よう頼みければ、無宿驚きて、三百両持つべきいわれなし、三文も持たざる由を答えけるゆえ、大黒天の示現をこまかに語り、さて証文をしたため、右の者え相渡し、出生などを聞きしに、これ又いわれある者なれば、我が心のままになりなば取り立て得さすべしとてかの証文を渡し、兄弟契約なして立分れ帰り、妻えもありし次第を物語り、夫婦にて、大黒天も授けたまふやと、家のくまぐま捜し根太《ねだ》を上げ捜しけるに、小高き所あるゆえ掘り返し見しに、金三百両ありけるとや、これを元手として夫婦稼ぎけるゆえ、程なく身上よろしくなり、かの無宿をも尋ね出し相応に分配して、両家共相応に暮しけるが、かの掘り得しおの子は子どもなく、無宿の方には子孫ありて、右本家は無宿の方にて相続なし由、いつれ身分に貨福をうくるは無理なる事にてなりがたき事と、人の語りぬとある。根岸肥前守より約百二十年ほど前の風聞であるから事実譚か作り話かわからないが、少し不審な点もあり、乞食と大黒天とはまったく関係がない。しかし床下の土中から金が出ることは有り得ることである。江戸時代は火災が多く、銀行もないから、商家などでは備蓄した金を蔵や床下の土に埋めたりする。

金を埋めた家が火災に遭って忘れ去られ、その跡に貸家などが建てられればぽ、偶然の機会がないかぎり埋蔵金は不明のままになってしまう。昭和の時代にも東京銀座で改築工事で土地を掘ったところ、江戸時代の小判が沢山出た記録がある。善五郎が掘り当てたのはそうした小判であろうが、大黒天の御利益としてはあまりにも庶民的である。

もう一つ明治十七年（一八八四）五月九日付の『朝野新聞』に「福の神えの仇討」として、福の神の仇討せんとて自宅を打毀《うちこわし》たる奈談有り。処は宮城県伊具郡佐倉村にて山村喜七郎（四十五）といふ農民は素《も》と貧困のものなりしがいつの頃か近村より帰る途中大黒天の木像を拾い福の神を得たりとてそれより一心不乱に此大黒天を信心して其業に勉強せしより今は村内にて富人とよばるる程になりたるを偏《ひとえ》に此大黒天の御利益なりとて立派なる神棚を作りて安置し信仰益々深く朝夕怠らず拝礼なし鼠は大黒天のおつかいものなり迚《とて》鼠の暴れ廻るをも我慢して打捨置きたるが鼠は神棚に入り大黒天の顔を散々に嚙み傷けたるを見て喜七郎大に立腹し勿体なくも大黒様のお顔に大傷を付けるとは以ての外の奴なり是れおつかひしめどころか大黒様の仇なれば仇討ちに鼠狩をなし家中の鼠を一疋も残さず殺して呉んずと家内の者と共々に家捜しして狩り立てたるに鼠は早くも何処へか隠れて一疋だに取獲ざるより喜七郎は益々腹を立て人夫数人を雇い来り家作を打毀して捜さんといいけるを家内の者止むれども中々聞入れずトウトウ家作を取毀したるに鼠は早く逃げたるにも一疋だに捜さざりしかば喜七郎は徒らに家作を毀したるを大によわ

り茫然として居るとは扨も々々

と記されている。これも大黒天信心の御利生であるが、神仏に頼って真面目に努力すれば信心は心の励みになりよい事があるのは当然で、信仰は心の拠り所とて行うものである。天は自ら助くる者を助くといってしまえば身も蓋もないが、信仰心から道が開けてくる。

この新聞の喜七郎はそうした態度であったから村で評判の富裕になったのであるが、大黒天を心から信心していたから鼠が大黒天の顔を噛ったのに腹を立てたのであるが、昔より鼠退治にはいろいろの方法があったはずである。岩見銀山鼠取り、捕鼠器、猫を飼うなどすれば鼠害を防げるのに、癇癪をおこして家まで壊すのはまるでシヴァ神のようである。

大黒天の功徳を得るためには、まず大黒天の尊像を清浄な所に安置し、米穀と心をこめた食物を供え、香を焚いて大黒天の呪、

唵摩訶迦囉夜娑囀訶《オンマカキャラヤソワカ》 (om mahā-kālāyasvāhā)　大黒天に帰命したてまつる　めでたし

と唱えて三年間続けて念呪すると、三年目に大黒天が示現するか夢にあらわれ、それより富み栄えて出世も思うままになると『大黒天神法』に記されている。また『摩訶迦羅経』では、「僧俗我体ヲ刻ミ崇敬スルモノニハ八万四千ノ福徳神ヲ遣ハシ」と福を授けることを約束している。

また大黒天を念じるときに、大日如来のお姿をイメージし、そのお姿が不動明王に変じやがて大黒天のお姿に変わるように想い浮かべつつ念じると、最も強力な功徳があるともいう。

第五章　大黒天に関連するもの

大黒天と鼠

大黒天の使い獣が鼠と考えられるようになったのは、確たる記録も証拠もないがだいたい鎌倉時代頃からのようである。『鋸屑譚』に、

日蓮上人三面大黒天の讃文云、甲子の日毎に生黒豆百粒を以て然るべし。是秘中の秘とあり、この黒豆は鼠に擬したもので、大黒天の御意を得るために鼠と見立てた黒豆を供えたものであるから、当時すでに鼠は大黒天の使いと見る風習があったことを示すものである。

ではなぜ大黒天と鼠が結びつけられるようになったか。

インドにおいてはヴィナーヤカ（聖天）は鼠の上に乗る姿に表現され、鼠は神獣の一種に見られているが、日本における仏神で鼠を眷属と見るのは大黒天以外にはない。

大黒天と鼠の結びつきは大黒天が厨房や倉庫の神と見られるようになってからであろう。

今日のように家庭内の鼠が駆逐された状態と異なって、鼠は昔はかなり繁殖し鼠害は大きかった。特に食物のある厨房や倉庫は鼠の棲みやすい所である。厨房や倉庫を守るのが大黒天であれば、当然大黒天は鼠害防止の能力も有せねばならない。鼠を殺すよりも、倉料を食い荒らすのを押え、あるいは害をなさぬよう「大神力」をもって押え従わせるのが大黒天であるから、こうした点から鼠が大黒天の眷属または使い獣であるという考えが生まれてくる。

寺に猫を飼ったのも鼠が経巻を食い破るからで、『平家物語』の頼豪阿闍梨の怨念が鼠に化して多くの経巻を食い破った話によってもわかるし、人間の食料を食い荒らす鼠は人類の敵であり魔性のものでもある。

これを押えさせるためには大黒天のような大神力ある神でなければならない。

鼠は大黒天のいわゆる使い獣ではなく管理下におかれ監視されている害獣であるが、それがいつしか使い獣のごとく思われるようになったのは、鼠算（産）といわれるごとく繁殖力が大きく、繁殖は繁栄と同意義に用いられ、福分の繁栄という見方になるのである。

大黒天が日本的福神になる過程において、鼠はその眷属また使い獣と考えられるようになる。つまり大黒天に愛される鼠であるから、鼠に擬した黒豆を百粒供えるということになる。

密教は深遠なることは軽々しく人に授けても理解し得ないから秘法とした反面、些細のことまで秘伝としたので、黒豆を鼠に擬したことも秘中の秘とされた。拳印がその神仏のパワーを示す秘法と同じである。

とにかく甲子の日に大黒天を祀るときには黒豆百粒を供えるが、この日を甲子《きのえね》祭といい、甲子に当たる日は年に六・七回あるが十一月の甲子の日が一番重んじられた。

甲子祭は民間だけでなく宮中でも行われていたことは、喜多村信節の『嬉遊笑覧』巻之七祭会の条にも、「禁中行事にも十一月子祭は大黒天神を祭り黒豆飯を供えられるとなり」とあって、宮中では小豆飯の代わりに黒豆を混ぜた米を炊いて供えた。また『日次記事』に、

凡そ一年中、六甲子の夜、禁裡にて子を祭せらる。大乳人《おおちのと》、小豆粥を御前に献じ、並びに殿中の男女を饗せらる。凡そ甲子毎に民間にては燈心を買ふ。俗に子燈心といふ。その内十一月の甲子を以て最と為す。これを子祭といふ。

とあり、甲子の日に燈心《とおすみ》を売るのは『事蹟考』に「穢多燈心を以て彼辻に出て売る云々とあり後に至りては甲子の日に限りとうしん〳〵とわめきて売りありき……」とあり、団左衛門配下の者が売るのが特権であった。普通甲子祭りは小豆粥であるが、十一月の子祭りは建月《たてづき》で一陽来福（次の年の一月まで甲子の日は廻ってこないから、十一月の甲子の日が基準となる）の佳月として盛大に祭るのであり、小豆ももちろん鼠に擬したものである。

菊池貴一郎の『江戸府内絵本風俗往来』外の部十一月の項にも「初子大黒天詣で」として、

当月は子の日なるを以て初子《はつね》の日の子刻《ねのこく》に大黒天をまつる時は来年の福を得るとかや其供物は平生の甲子《きのえね》祭りの如く只赤小豆飯をたきて供せり。当日は甲子と同じく種油の燈火《あかり》に用ゆる燈心《とうしん》を商ふ人市中に多くまた大黒天の安置しある寺院は何れも参詣群集せ

り。此門前にても燈心を商ひたり。小石川伝通院上野東叡山神田社本所亀沢町芝増上寺山内麻布一本松等の大黒天は昼夜参詣引もきらず大黒天の祭りある所此他猶多しとあり、これは江戸時代末期の江戸における初子祭りの情景であるから、かなり盛んであったようであり、地方においては昭和の戦前までおこなわれていた。

甲子祭りは、その前夜は祭り祝って寝ずに飲食したので寝祭りとこじつけた。半井卜養千句に、「身にしめて大黒舞いを見やいのう酒すぎぬればしらずねまつり」というのは、前夜祭に大黒天にご馳走を供えて大黒舞などを行って騒いだりするのであるが、酒が過ぎて、酔いつぶれ、祭りの有様を知らないで寝てしまった。寝祭りと子祭りをかけた歌である。

このほかに大黒天と鼠の関係は、大黒天は暗黒（黒）の神であるから密教では黒は北を意味し、十二支の鼠（子）も北であるから、こうした点からも結びつけられる。また毘沙門天も北方鎮護の神将であるが、この神も鼠が使い獣とされるのは、子を鼠に当てはめたからで、北方の神と子とから、大黒天も毘沙門天も鼠と関係あるようにつくられてくる。

もう一つ大黒天は大国主命と習合した時点で、大国主命と鼠の関係が活用されてくる。『古事記』によると大国主命（大穴牟遅神・大己貴命）が兄の八十神《やそかみ》の迫害があまり激しいので根堅洲国《ねのかたすくに》（出雲国）にいる須佐能男命《すさのを》（素戔嗚尊）の所に逃れ、須佐能男命の娘の須勢理毘売と結婚した。須佐能男命は大国主命の智謀と勇気を試すためにいろいろと嫌なことを味わせたが、あるとき広い野原に鏑矢を射込んで、それを取って来いと命じた。大国主命が広野の真中に到った頃須佐能男命は原のまわりから火を放ったので、大国主命は脱出不可能となって危く焼き殺されそうになった。そのとき、

鼠来云《ネヅミキタリテイイケル》　内者富良富良《ウチハホラホラ》　外者須夫須夫《ソトハズブズブ》　如此言故《カクイフユエニ》　蹈二其処一者《ソコヲフミシカバ》　落隠入之間《オチカクリイルアイダニ》
火者焼過《ヒハヤケスギヌ》　尒其鼠昨二持其鳴鏑一出来而奉也《ココニソノネヅミソノナリカブラヲクヒモチテ》　其矢羽者《ソノヤノハハ》　其鼠子等皆喫也《ソノネヅミノコドモミナクイタリキ》
於レ是其妻須世理毘売者《ココニソノツマスセリヒメハ》　持二喪具一而《ハフリツモノヲモチテ》……

とあり鼠が大国主命を助けている。したがって大黒天と大国主命が習合した頃から鼠は関係深いものとなっている。故に江戸時代の絵や置物に見るように、大黒天の三摩耶形である打出の小槌に鼠を配して大黒天信仰をあらわすこともある。

こうした関係から大黒天が人に福を授けるのに、その施しの使者が鼠であるという説も生じ、家によっては鼠が棲んでいても福のいる証拠として鼠を駆除しないこともあるが、鼠を大切にしてのさばらせていると大黒天まで嚙ったりいろいろの被害を生じるようになる。

前述した、「走り大黒」画像が、日光に住む大鼠の死体に墨を塗って捺したものであるというのは、頼豪阿闍梨の伝説と諸地方にある大鼠被害の伝説などが合成されたものである。

大黒天と道祖神と田の神

大黒天信仰が急速に民間に広まったのは室町時代頃からである。室町時代は足利幕府がし

だいに実力を失い、地方の大名国人層も同様の傾向となり、下層が実力を持って伸し上がらんとする時代であるから、勢力争いのために絶えず戦乱が広がりつつあり、末期は世にいう戦国時代に入った。

こうした社会状況において苦しむのはいつも民衆であり農民であった。

このように往々修羅地獄を現出する世の中にあっては、唯一の心の救いは現世利益の神仏にすがることである。

富める者は富の保護を、貧しい者は富と仕合わせを、武将は戦勝の願いを、武士は出世と平和を願うために、それぞれ信ずるところの神仏にたよったが、大黒天は福神であり闘戦神であるから、これを信仰する者が増加したのは当然で、それも寺院に祀るだけでは満足できないために、小像をつくって屋内に祀ることが盛んになった。

とにかく民衆は塗炭の苦しみ、生命の危険のなかにあって現世利益の神に施福を渇望していたのである。七福神信仰が生まれたのも、その代表神である恵美寿大黒一組の福神信仰が生まれたのもこの時代である。

日本に全国的に分布する陰陽神信仰は繁栄につながる生殖信仰であるが、道祖神の形態をとるときは境界を守る神であって、この点古い時代の大黒天と似ている。悪霊邪神の侵入を防ぎ、外に出るとき加護の加えられんことを祈る日本古来の民間神であるが、生殖繁栄をも掌どるから、大黒天の影像が彫られてよいが、これには見られない。

それは地方においても大黒天は家庭内に祀られていたから、境界の路傍に祀られる必要がなかったからであろう。

しかし道祖神にふくめられる陽根の形をした金精様と名付けられる石像または自然石は、明らかに日本版のシヴァ・リンガである。

シヴァとマハーカーラ（大黒天）は同一神であるから、インドにおいてシヴァが陽根形で祀られているように、石彫陽根の道祖神は大黒天をあらわしているといえる。

『甲子夜話』や『煙霞綺談』に記される岡山県と広島県の境にある陰陽石、長野県小県郡根沢村、千葉県香取郡松沢村、新潟県三島郡石地村などは自然石の陽根であるが、亀頭に当たる所は大黒天の頭巾に酷似するから、大黒天が福神であるごとくこれらの石の陽根も福神的信仰を集めている。

隠れキリシタンの大黒天
（手に十字架を持つ　江戸時代）

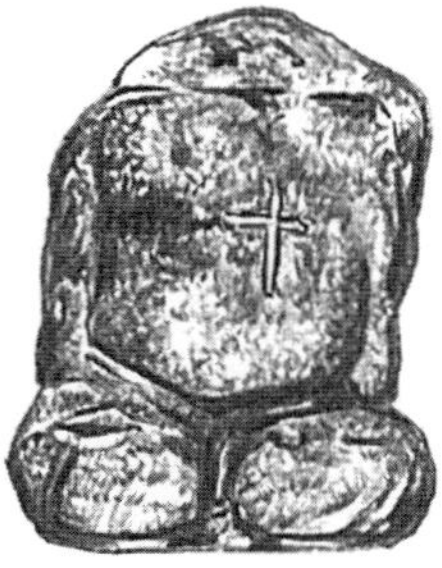

隠れキリシタンの大黒天
（背に十字紋を刻む　江戸時代）

こうした共通した意識が、後世大黒天を彫っても後ろ姿が陽根を想わせるようにつくるのであり、東北地方の隠れキリシタンが礼拝した大黒天像にまで及んでいる。隠れキリシタンの大黒天像は表面からは一般の大黒天であるが後ろ姿は陽根形で中央にキリシタンの証拠として十字架が彫ってある。この十字架については隠れキリシタンの人々も気が付かなかったであろうが、古代人の思想としては、横の線が女性、縦の線が男性で両性の結合を意味したもので、インドのシヴァ・リンガと同じである。

これは農民や庶民にとって大黒天を祀ることは自然であるから、大黒天の背に十字架を彫って隠れ蓑としたのであるが、その後ろ姿を陽根形に見えるようにしたことをマリア様が知ったら驚くであろう。

小厨子に納められた田の神
（鹿児島県肝属郡）

このように大黒天は、民衆からは切り離せない、親しみのある身近にいる神であるが、南九州では田園の神として、大黒天に似た形の「田の神どん」あるいは「田の神さあ」と呼ばれる路傍の石神が祀られている。

この神様は、「田の神様《かみさぁ》」の名称どおり田畑を守ってくださるので豊

127　大黒天に関連するもの

大黒天に似た田の神
（鹿児島県国分市重久公民館蔵）

田の神の後ろ姿　陽根に似る
（鹿児島県曽於郡）

穣を願う対象である。道祖神的形式であるが、農作物の実りを叶える存在であるから少し異なる点もある。

したがって最も身近な農民的親しみがこもっている。その表現も農夫または農婦の姿の石像で、豊穣と食生活の願いがそのままあらわされているから、飯匙《めしげ》（しゃもじ）・擂粉木《すりこぎ》・椀・握飯・飯櫃《おはち》・稲穂などのほかに、地域によっては扇・鈴を持ち、背には食料を入れたものであろう藁苞《わらづと》や御幣・蓑を負い、藁編みか甑簀《こしきす》かパッチョ笠をかぶって立っているが、これを遠望するとそのポーズはまるで大黒様かと思われるほどである。笠は大黒頭巾、飯匙は打出の小槌、食料を背負った袋は大黒天の大袋の擬態とも見える。俵の上にこそ乗っていないが正に大黒天の投影であることがうかがわれる。

農民が豊穣や福を願う身近な神様は大黒天であり、より以上に身近な農夫農婦の姿でないと願いに距離を感じるのであろう。

この「田の神さあ」は路傍だけでなく屋内にも祀られるが、それはお厨子に納めた木彫像で、これは部落の講中に廻り持ちで祀られるので「廻り田の神どん」といわれるが、この像はさらに大黒天に紛うばかりである。特に狩衣・袴姿のものは明らかに大黒天である。これは大黒天が田の神と混淆したのか、田の神という古来の民間信仰の神が大黒天に混淆したかは不明であるが、この両者の二重映し像から生じた民間の神様である。

そしてなかには背に御幣を持つものもあるから、はじめは御師《おし》的神道系の者が村の家々に招福豊穣を祈って巡回した姿からはじまったらしく、江戸時代はこれを「石敢当」と呼んでいた。

敢当の意味は不明であるが、大宝律令の制のなかに、官に納めるために田に課された税を官稲といったから、その田畑の監視役として立てられたものが、税が事なく納められるように、豊穣を願う気持から田の神に変じたとも考えられる。天明（一七八一〜一七八八）の頃に西国九州を旅行した橘南谿の『西遊記』巻一に「石敢当」として、

又田畠の中に、石にて衣冠の像を彫りて据えたり。田夫に問へば田の神なりといふ。是

も彼も輟耕録に見えたる石将軍の類にして、日本の衣冠の像に作りたるものにや、皆他国にては見ざるもの也

とあって薩摩国（鹿児島県）独特のものとしている。

衣冠の像とあるが、衣冠姿であれぼ他地方の道祖神にもあるが、これはほとんど衣冠の男性と打衣の女性が手を握り合うか抱擁している図のレリーフであって総体が衣冠姿ではない。今日この地方の遺物を見ると狩衣的姿のものを衣冠といったのであろう。

それは御師の巡行姿で、田の神が訪れるのをあらわしたものであろうが、民俗のなかに福神としての大黒天信仰が浸透してくると、大黒天や恵美寿神紛いとなり、さらにこれらの神を擬して農民の姿としてあらわすようになったものであろう。故に農民姿になっても大黒天の立像的ポーズをとり、持ち物は食生活に必要なものを持たしめ、大黒頭巾に擬して笠をかぶらせたものであろう。

そしてこの「田の神さあ」は近世的のもので各地にその類型が見られる。

江戸時代に農村で祀られた水使大権現つまり水使神社の祭神と同じである。農村においては水の恩恵によって成り立つから水分神社のごとく水使神信仰も盛んで、これは田植時などに、昼飯を運ぶ女がオナリ神やヒルマモチの神にあらわされ、これらは「田の神さあ」に共通する。女性の立ち姿で右手に飯匙を立てて持ち、左手に飯櫃をかかえる。そのポーズは明らかに田の神と同じであり、大黒天を模したものである。

水使大権現およびオナリ神、ヒルマモチ神は、農村信仰の大黒天が直接田園守護の神として日本化し習俗化して、身近な姿をもって表現されたものといえよう。

大黒天の名に因んだもの

《大黒舞》

大きい大黒頭巾をかぶり、大黒面（福相）をつけ、金銀襴の袖の広い狩衣に、頸のまわりに涎《よだれ》掛け状の布をめぐらし、袴に長靴を履いて、左手に張子または木製の彩色した打出の小槌を持って踊り、連れの者は三味線を弾いて唄いながら、正月に家々の門口に立って銭を乞う大道芸人の踊りである。唄は、

御座った。御座った。福の神を先に立てて大黒殿が御座った。

一は俵を踏んまえて、二ににっこりと笑って、三に酒を作って、四つ世の中良うして、五ついつもの如くに、六つ無病息災に、七つ何事も無うして、八つ屋敷を広め、九つ小蔵をぶっ建てて、十でとうとう納まった。大黒殿を見なさいな。見なさいな。

と縁起のよい数え歌を唄って踊った。

この大黒舞は『滑稽雑談』によると、室町時代頃から左義長よりおこったとし、また『塩尻』にも、

慶長九年（一六〇四）正月十五日、清涼殿の前庭で古書をもって青竹を焼く。十八日には摺扇等を結んで竹を飾り、唱門師大黒松大夫が鬼の仮面を被り赤毛をつけ幅の打ち太鼓につれて翁が舞い歌った

と四人舞が宮中で行われたことが記されているが、古くは宮廷の下級役人祝言人《ほがいびと》が行った。やがて唱門師《しょうもんじ》たちが行い、下級の神人、僧などが生活の資とし、ついに大道芸人の門付芸となった。

これは大阪府西宮の夷神社に夷舞《えびす》があったので、恵美寿・大黒二神ともに福神であるところから大黒舞も行われるようになったものである。夷舞のはじまりは夷神社に属する散所の民である傀儡師《くぐつし》が箱のなかの夷人形を舞わして門口に立って銭を乞うたが、やがて風折烏帽子に夷面をつけ、狩衣姿で竹竿に鯛の張抜を持って面白おかしく踊るようになった。

これに対抗して初春の招福として江戸では大黒天の扮装をして踊ったもので、『洞房語園考異』に、「大黒舞、新吉原にて正月二日より二月初午まで来る」とあり、『青楼年中行事』にも、「宴や大黒舞の槌にてうてる。鳥追の千両万両も」などあって、吉原は年頭から繁昌したので特に多くの大黒舞が訪れたが、一般商家の門にも立った。喜多村信節の『嬉遊笑覧』巻五歌舞の項に、

大黒舞は（半井卜養千句）布袋も笛ふくや秋風身にしめて大黒舞をみまいなう（『滑稽雑談』）に是も悲田寺四のヶ所垣外《カイト》の類大黒天の姿を模し面をかぶり頭を着て民間の門々

に歌い舞う年々嘉祝の詞を以て新作して唄う故に此唱歌をも大黒舞というといえり。按るに大黒舞は左義長より起る。海音が浄るりに傾城事の起りより大黒舞の鳥追のと世上のさたにものつたればといへるをみれば其時ありし世間の事を作り唄いたりとみゆ（『歌舞伎事始』）に大坂の芸居の事をいいて又正月に至て大黒舞と云うものを両人出てまふ。本是美濃国より出る民家にて春のことぶきをなす、これをうたうといえり。美濃国大垣の人語りけるは我国に舞いまいと称する者あり。常には農人なり、正五九月には札を配り歩きて米銭を乞ふ。其札暦日の事を少々しるしてあり。正月は肩衣を着大小の刀をさし人家の庭に立て其年の大小の月の数、吉凶などの事を云てありく。是を又さんばしやとも呼となむ。歌舞伎事始に云へる者是にや。

又乞食を学で出るものもありしとみえて『世間胸算用』に隣には舞まい住けるが、元日より大黒舞に商売を替ければ、五丈の面張貫の槌ひとつにて正月中は口過すれば、此えぼしひたたれ大口はいらぬものとて二匁七分の質に置てゆるりと年を越ける。『梅津の長者の画巻物』に大黒が舞う処の詞に一に俵をふまえ云云。『夷曲集』の序に大黒の能をきくに一に俵をふまえ、二ににつこと笑ひ、三に三界の福寿を袋一ぱいにいれ云々。『雅莚酔狂集』大黒の扇をもちて米五俵ふまえたる処の絵ふくろより扇めづらし米俵五ツいつもの図にはかわりて（大黒舞に五ツいつもの如くある故なり）。其蹟が（賢女心粧）京師河東裏借屋の事をいう処、夫に粟島大明神の御影で過れば女はおふくの面をかけて大黒舞に出て女夫ゆるりと暮せば云々。江戸にはたまたま夷大黒をまねして来る乞丐あれども定まりたる時はなし。定りてあるは吉原町へ正月六日より大よそ二月初迄も大黒舞とて非人来て種々の物真似をなす。大黒舞はかた計にて多は芝居狂言のまねをなす。これも近世始りたる事なり

とあって、江戸時代の諸書を引用して考証している。これら大道芸人は非人（江戸時代の身分的階級の名称）が正月の収入を得る特権として行ったもので、江戸では浅草の非人頭車善七が支配していた。

やがて年頭の三河万歳に倣って恵美寿・大黒の二人舞になり、土地の若者たちがこれを行うようになった。東京都中野区江原町では恵美寿・大黒の扮装した者と囃し方が家々を廻って歩き、屋内に上がって縁起のよい踊りを披露して御祝儀をもらう風習が昭和初期頃まであったから、現在も続いているかも知れない。こうした年頭の縁起芸は地方に行けばまだあると思われるが、縁起のよい旧習であるから伝統化してほしいものである。

《大黒傘》

一名つんぼ傘ともいう。大黒屋という家で売っていた番傘の一種で粗製下級品であった。つんぼ傘というのは、壺屋でつくった粗製の傘が訛ってつんぼ傘といわれるようになったといわれ、大黒屋と壺屋が混同されたために『我衣』には、「大黒屋の聾がさと云ふは名代な

り」とあるが、大黒屋と壺屋とは別であることは、井原西鶴の書いた『桜陰比事』に、

昔都の町に北国向の笠（傘）を仕込む職人あり云云壺屋といふ家名を世に広めける

とあるから、江戸では大黒屋、京坂では壺屋が粗製廉価の番傘を広めたので、そうした傘を大黒傘・聾傘などというようになったのであろう。西鶴が「昔」というところを見ると、少なくとも江戸時代初期頃には行われた傘であろう。

《大黒頭巾》

中世以降の大黒天像はほとんどベレー帽状の帽子をかぶっているが、これは本当は丸頭巾といって老人がかぶったものである。

大黒天がかぶるのが決まりとなってしまったので、いつしか大黒頭巾と呼ばれるようになったが、この名称は室町時代末期頃にはすでに用いられていたらしい。

『鏨工譜略』は江戸時代の書であるが、

紀伊名草郡雑賀の具足師の兜を大黒鉢と云ひ春田庄兵衛・同喜右衛門・同清蔵など云ふものの作れるなり

とあり、大黒鉢とは大黒頭巾形の兜鉢のことで、鉄を打ちふくらませて大黒頭巾形にしたものので、この形式の兜はいくつか残っている。兵庫県神戸市湊川神社に楠木正成所用の伝来のある兜があり、これは大黒頭巾形に前立に打出の小槌をつけているが、正成時代よりはるか

に降った時代のものである。また静岡県久能山東照宮所蔵の勝川具足の兜や、奈良県漢国神社所蔵の歯朶具足の兜は、前にも述べたごとく、徳川家康の御霊夢形の兜で大黒天の頭巾に象ったものである。家康は大黒天を信仰していたから、大黒天の印章を用いたり、また大黒頭巾をかぶった肖像もある。

また高野山成慶院には武田信玄の兜というのが所蔵されているが、丸頭巾であるからこれも大黒頭巾を象ったものであろうが、比較的に具象的大黒頭巾形の兜は数少ない。『甃工譜略』に奈良の春田系の甲冑鍛工が、紀州雑賀に移って盛んに大黒鉢をつくったように記されているが、この大黒鉢というのはおそらく雑賀鉢としては割合多く見られる置手拭形という兜鉢を称したものであろう。置手拭形とは手拭を畳んで頭に載せた形に似ているところからつけられた名称であるが、これは当時の言葉にはないから、大黒頭巾の抽象化したものを江戸時代に呼んだもので、雑賀では大黒頭巾形といい、略して大黒鉢と呼んだものであろう。室町時代頃から老人は寒い時季に頭の冷えるのを防ぐために丸頭巾をかぶったのが流行したので、これを大黒天の頭巾（本当は帽子）になぞらえて呼ばれるようになったのである。寛文頃の『破祝集』に、「鼠色に染まる大黒頭巾かな」とあるが大黒天は鼠に関係あるので鼠色が用いられた。

大黒頭巾は老人にかぎらず風流を自認する男も用いたらしく、江戸時代初期の『歌舞伎草子絵巻』にも描かれているが、後にはご隠居さん用となってしまった。丸く裁った布を端を縫い縮めてつくる頭巾であるから、古くはふくらみが浅くベレー帽状であったが、しだいにふくらみを誇張するようになったので左右後ろは垂れ下がり頭のまわりに覆うほどになった。これは江戸時代の大黒天の画像・彫像に見るところである。

《大黒煎餅》

蛤形になかふくらみにした軽焼煎餅で、なかに小さい玩具が入った幼児向けのものであるが、昔は駄菓子屋で売っていた。振るとガラガラ音がするので「がらがら煎餅」といい、包み込まれているので「包み煎餅」ともいった。古くは大黒天像の小像が入っていたので「大黒煎餅」の名が後まで用いられた。後には大黒天にかぎらず小片の玩具が入っているので子供はそれを楽しみにして買った。

《大黒銀》

江戸時代の銀貨で一枚四十二匁ある。縦二寸六分五厘(約七・八センチ)、横一寸(約三センチ)であるが、しだいに量目が少なくなり三九匁となった。銀八、銅二の割合であった。大黒屋常是の極印が四ヵ所に型押しされているので大黒銀といった。

挺銀ともいうのは数えるのに一挺二挺と呼んだからである。

《大黒歯》

人間の上顎にある前歯二枚を恵美寿大黒になぞらえ、左側の歯を大黒歯、右側の歯を恵美須歯といった。縁起をかついた名称である。

《大黒柱》

家の中心として立てる太い柱をいい、神社の心の御柱にたとえて、この柱に福の神である大黒天が宿るとされた。古くは厨房の柱に棚をつけて、その上に大黒天像を祀って食生活の保証を願ったが、家の中心となるべき柱は家の保証であることから、この名を用いるようになり、他の柱に比べて特に太いものを用いた。この柱を中心にして他の柱が梁や長押・敷居によって組まれるので最も頼られる柱である。故に一家の支えとなる家庭内の働き者や首長を「大黒柱」ともいう。

《大黒・梵妻》

寺僧の妻またはその隠し妻を大黒という。室町時代頃から用いられた語らしく漆桶万里居士の『梅花無尽蔵』のなかに、足利九代将軍義尚の長享二年（一四八八）戊申十一月二十八日の項に、

招宿房之大黒侑晨盤　其躰如蛮　戯作詩云

宿房大黒侑晨炊　合掃若耶渓女眉
好在忘心無一點　服帷繒布語蛮夷

とある、これはどうも義浄の『南海寄帰内法伝』からの話が拠り所であろう。それには義浄の聞いた話として、釈尊があるとき大涅槃所に建てた大寺では、常に百余人の僧の食事が用意されるようになっていた。ところがたまたま五百人の僧が集まったので給食係の僧が困ってしまった。すると寺男の老母が「心配しなくてもよい、わたしが何とかする」といって、大黒天神の前に祭食を供え、香をたいて祈り、「仏涅槃の霊跡参拝の僧がいつもより多く集まりましたが食事の準備が不足しております、どうかこれらの僧に充分の食事があたえられますようにお願い致します」と一心こめて願うと、五百人の僧が充分食べられるくらいの量になったという、大黒天の功徳譚があり、インドにおいても僧院の厨房に女性がいたことがわかる。これはうら若き女性でなく老母であったから僧院にいられたのかも知れぬが、僧院でも厨房には女性の存在が許されていたのであろう。こうした故事から肉食妻帯を禁じる寺院でも台所働きや、縫物専門の女性は陰の存在としていることが黙認される傾向があり、台所で貢献するから、台所の女性を大黒天になぞらえて大黒と呼ぶようになり、やがて僧の妻は遠慮して台所や奥向きにいるので大黒と称され、もちろん僧侶の隠し妻も大黒と呼ばれた。梵妻と書いて「だいこく」と訓ましめるのは梵を僧と解したからである。

肉食妻帯を許されている僧や修験僧の場合でもその妻は表面に出ないのが普通であった。

天正頃（一五七三〜一五九二）に書かれた『昨日は今日の物語』巻下に、

　或寺に名作の大黒のある由を聞及びたる檀那、参りて一見したいと所望する。坊主聞て（中略）数年の檀那芳しからぬ事とて（中略）年頃二十《はたち》ばかりなる言語道断の女房を呼び出す

とある。ある寺に名作の大黒天が祀ってあるがなかなか拝観できないというのを聞いた檀家の有力者が、是非見たいと寺詣でをして和尚に頼んだ。ところが和尚が見せることを渋っているので、檀那は永年寺に尽くしているではないか、拝むだけならよいではないかと強硬に談じ込むと、和尚も困り果てて「それでは止むを得ない。お見せしましょう」と奥に立ち、そして二十歳ほどの呆れるくらい美しい女を連れて来て檀那に見せたという笑い話である。檀那はあくまでも名作の大黒天尊像が見たかったのであるが、和尚は自分の隠し妻（梵妻《だいこく》）を見せろといわれたのだと思っていたのである。鎌倉時代頃からの大黒天は女握りをしていて女陰の相を示しているから、女陰のある者がいてもおかしくはない。

《大黒薯・大黒占地》

大黒薯はヤマノイモ科の植物で山野に自生する自然生《じねんじょ》の一種。

大黒占地《しめじ》は菌苔類のほんしめじ茸で、かぶしめじ、だいこくしめじともいう松茸科。秋に比較的乾燥した山地に生え、一塊となって叢生し、柄の下方が太くふくれ、傘は灰色でしだ

いに灰褐色となる。鼠色の大黒頭巾に似るのでつけられた名であろう。〝匂い松茸味占地〟といわれ美味である。後ろ姿を陽形に象った大黒天に似る。

《大黒連歌》

狂言の種類の名で二種類ある。大蔵流狂言では、近江国坂本の男が友人と比叡山に登り、三面大黒天堂に大晦日の参籠をした。そして連歌をはじめたが、一人が「あらたまの年の始めの大黒の」と発句すると、友人が「信ずる者に福ぞ給わる」と付句した。すると大黒天があらわれ、その山に祀られた由来を語り、連歌に感じ入って舞い出し、宝の袋や打出の小槌をあたえるという目出度い狂言である。

また和泉流狂言では、大晦日ではなく陰暦十月の甲子の日に人々が集まって連歌会を催し、一人が「大黒に年貢納むる今宵かな」と発句すると、別の者が「ここやかしこに俵多さよ」と付句して酒宴たけなわになると、大黒天があらわれて一座に加わり興じるという筋で、目出度い狂言の一種である。

第六章　大黒天に関係のある神々

シヴァ神

シヴァ神は仏教では大自在天・莫醯伊湿伐羅《マケイシュバラ》（摩醯首羅天）・伊舎那《イシャナ》天などの数種の神となるが、その元はシヴァであり、また大黒天はその変身とされる。

シヴァ（Siva）とは古代インド神話のなかの三主神の一つで多くの名をもち、また多くの名の妻をもっている神である。

三主神も時代によりまた『ヴェーダ』や『マハーバーラタ』、『ラーマーヤナ』等によってその位置づけが異なるが、ヴィシュヌは太陽の光を神格化した神で、天・空・地三界を三歩で濶歩する神であるが、ヴィシュヌの臍から生じた蓮華の花からブラフマーは誕生し（プラジャーパティから生まれたともされる）、シヴァは火炎燃え熾る巨大なリンガから生まれ破壊と蘇生の神とされている。

『ヴェーダ』ではルドラの名で呼ばれ暴風雨の凄まじさにたとえられてその神とされているが、また別の見方からは、その破壊の恐ろしさを分霊としたのがマハーカーラすなわち大黒天であるとされているのは前の方で述べたとおりである。

この破壊の恐ろしさとは、毎年インドを襲うモンスーン（季節風による暴風雨）の猛威とそれによる破壊と大洪水の被害をシヴァの威力と性格とし、そのあとの万物蘇生と建設と土地の豊穣による恩恵を尊崇のもととしたもので、インドにおいては最も人気のある神である。シヴァ（ルドラ）はインド神話のなかでは最も活躍しており、叙事詩のなかでは千以上の別名があるといわれている。

ブラフマーが宇宙を創造し、ヴィシュヌがこれを維持し、シヴァがこれを破壊するという三神一体のトリムールティ（Trimūrti）の教義がある。

そしてヒンドゥー教ではシヴァ派の主神で、頗る多くの神話を持ち陽根《リンガ》（Linga）の表徴として見られているから、ときにはリンガであらわされてシヴァ・リンガと呼ばれ、シヴァ・シャクティ（Siva sakti　性力）は崇拝された。

これはインドの叙事詩時代の『マハーバーラタ』に、シヴァ信仰と生殖器崇拝が結びついたといわれ、神々や聖者たちもシヴァ・リンガを崇拝していたことがうかがわれる。

シヴァは神話のなかでは魔神ジャランダラ・アンダカ、死の神カーラ、三都の魔神、象の魔神・カーマ、ライオンに化身したヴィシュヌ等を退治し、シヴァの意に逆らったブラフマーの首を刎ねる一方、魔神ラーヴァナのカイラーサ山を支えているのを助け、帰依して来たヴィシュヌに円輪を授けたり、ガンジス（ガンガー）河の水をうけとめたり、いろいろの神話の持ち主で、やがては両性具有神となったり、ヴィシュヌ神と一体になったりしている。

ヒンドゥー教のシヴァは性神としての色彩が濃厚であるから、当然シヴァの相手である女性神も必要になるが、諸々の『ヴェーダ』ではその代表的妻はパールヴァティーである。パールヴァティーは女陰《ヨーニ》としてあらわされるから、シヴァ・リソガの台座のヨーニはパールヴァティーである。

シヴァ（ネパール　ブロンズ）

しかし妻の名はいろいろの性格づけをもって『ヴェーダ』のなかに登場し、大別すると二系統に分かれている。優しい妻としてはデーヴィー（Devi）と、恐ろしい面をもつ妻はカーリー（Kari）である。

デーヴィーは一般にマハーデーヴィーと呼ばれマハーは大の意であるから偉大な女神として尊敬され、崇高さから処女神にも見られ、カンヤー（Kamyā）とかカンヤー・マリー（Kamyā Kumāri）とも呼ばれている。処女神でありながらリンガであるシヴァの妻であることはおかしいが、妻以前に処女を守っていた清浄な女性、つまり心操正しい女神の意であろう。そしてこのマハーデーヴィーは土地や伝承によっていろいろの名がつけられて登場する。

パールヴァティーとは山の住人の意でヒマラヤの雪をいただいた美しさに譬えられたものである。

ハイマヴァティーも山の住人の意であり、ガウリーも山の住人、山の娘、ヒマラヤ山の女の意で、これらは山の清浄さをもってたたえた名であって山に棲む野蛮な女性や山姥的存在ではない。その優しさと慈愛に満ちた女性らしさからはウマーとも呼ばれ、これは光明、輝かしいものの意である。

またパウアーニーとも呼ぶのは心の優しい女、ジャガン・マーターは世界の母の意で観世音菩薩にも比すべき女性の尊称である。

この他グヒエーシュヴァリーともいわれる。一方、シャクティの猛烈さから女性の威力を荒神的に見立てたときは媾合《ミトウナ》の折の恐ろしい顔で表現し、ドウルガーと呼び、これはヨーニをあらわした語で近づき難いものの意である。カーリーは黒い女、黒色またはヨーニの意となり、これは最も恐ろしい女性とされる。

シュヤーマーとも呼ばれるときは黒い女、黒色、ヨーニの意であるからカーリーと同じである。チャンディーとかパイラヴィーというのは恐ろしいもの、チャームンダは恐ろしい女の意である。

黒い女とは黒色の皮膚をもった民族の神であったことを示すが、黒をヨーニとするのは黒い陰毛で覆われたヨーニを意味する。性的知識のない幼児がはじめて母親のヨーニを偶然見たときの恐怖はこの恐ろしいものであり、長じて性《セックス》に興味をもちはじめてもヨーニに対する魅力として往々に人生を誤らせる恐ろしいモノである。ドウルガーは猛烈女性型であるのもヨーニに秘められたシャクティの威力と、男性側からの願望と渇仰が神格化されてできた神である。

ドウルガーはネパールでは五面十二臂の万能の威力をもつ女神としてあらわされ、赤身で忿怒相ではないが、血を好む恐ろしい神であるから首に人の生首を数珠のごとくかけて、髑髏盃を持ち、剣や棒を振って、カーリーの協力を得て魔神シュムバとニシュンバ兄弟を退治するから勇敢な女性であるが好戦的である。シヴァにシャクティをあたえるエネルギー源的存在である。

これのさらに猛烈型はカーリーで、カーリーはドウルガーの身体の一部から生まれたとされるが黒色四臂で、ドウルガーの魔神退治に協力し、より強大な威力の持ち主でインドにおいてはシヴァ神とともに信仰されている。カルカッタはカーリーを祀る寺院があるのでつけられた地名である。

カーリーは髪を振り乱し恐ろしい形相で口をあけ長い舌を出し、髑髏か人の生首を長く連

シヴァの妃カーリー

ねて首飾りとし、腰には征服して斬り取った人の手を腰蓑のように垂らし、一臂には剣もしくは剪刀、一臂は威嚇的に広げ、一臂はブラフマーの生首、一臂は髑髏盃を持ち、大股を広げて踊るポーズで仰臥するシヴァを踏みつけている。

恐ろしいシヴァ（ルドラ）を踏みつけ、宇宙創造のブラフマーの生首を持つほどの女神であるから世界最高の恐ろしい神である。

真赤な口はヨーニの表徴であり、髑髏盃に盛る血は経血でソーマ酒としてシャクティを増す飲料、髑髏の首飾りは人体の部分で最も神聖なものの結集、人の手の腰蓑は能力の結集、剣は生と死を分けたり破壊力の表徴であり、歓喜に集中するための雑念煩悩を断つ武器、乱れた髪は逞ましい陰毛で、ヒンドゥー教中の女神で最高のパワーを示している。

これらがシヴァの妻の異名であり、いろいろの性格を独立した神格で表現したものであるが、カーリーはマハーカーラの妻であるともする。シヴァの狂暴な破壊神としての性格を分霊化したのがマハーカーラであるから、カーリーがマハーカーラの妻であってもおかしくはない。マハーカーラも黒であり、カーリーも黒であるから相応しい組み合わせである。

シヴァの神話は頗る多いが性にまつわる話も多い。シヴァは天衣無縫、傍若無人の神であったから、あるとき仙人たちの前に素裸であらわれた。仙人はこれがシヴァとは気づかずに眉を顰めて「リンガ落ちろ」と呪文をかけた。そのためにシヴァのリンガは忽ち地上に落ちて走り廻り、行き逢う人を焼いたりして人々を困らせたので、仙人たちが相談してパールヴァティーのヨーニをリンガの台としたので、リンガはようやく鎮まったという。

これがインドの寺院によく見られる皿状のものに聳立するリンガで、シヴァ・リンガと呼ばれるシヴァ神の表現である。

ちょうど東北地方の伝説によく似ている。金属でつくった金精様が夜な夜な歩き廻って村の女を犯すので鉄の鎖で繋いだという話である。

そのくらい性力旺盛でパワーのある神であるからシヴァの性関係の伝承は尽きない。シヴァとパールヴァティーの仲もきわめて睦まじかったが、仲のよいほど互いの意見を主張し合うので、二神もついにささいのことから喧嘩して夫婦別れした（このことは拙著『歓喜天〔聖天〕信仰と俗信』に詳しく記してある）。離れてみてはじめて二神は再び激しく愛情が燃え、仙人のはからいで再会したが、嬉しさのあまり激しく抱き合ったので離れなくなり、アルダナーリーシュヴァラ（Ardhanarīsvara）という二神一体の神が出来上がったという神話がある。右半分が男性シヴァ、左半分が女性パールヴァティーで、こうした神像もインドにおいては尊崇されている。

男性原理と女性原理の合体であるからより完璧の存在で、両性具有神であるが半陰陽とは異なり不具者でなく完成された人間の姿である。このアルダナーリーシュヴァラになる神話には他にも異なる筋がいくつもあるが、シヴァ（ルドラ）は時代が降るごとに完成された神格となり、やがて仏教に取り入れられて天部の神となるが、諸の性格をそれぞれ分けて数天の存在となる。

大自在天（摩醯首羅天）

大自在天とは、シヴァが仏教で取り上げられ天部の神にふくめられたときの名で、摩醯首羅天というのであるが、密教ではこれを大自在天という。『慧琳音義』には、

摩醯首羅《まけいしゅら》正しくは摩醯湿伐羅《まけいしゅばら》と云ふ。摩醯は是れ大といふなり。湿伐羅は自在なり。謂く此天王大千世界中に於て自在を得る故なり

と解している。摩醯は摩許と同じで大の意味であるから大黒天の大もマハーである。湿伐羅《しゅばら》は湿婆《しば》の語がふくまれ、シヴァは奔放自在の荒神であるから自在の意味を有するのであろう。『十二天供儀』に、

伊邪那天、旧には摩醯首羅といふ。唐には大自在天と云ふなり

とあるから、中国で漢訳されたときに大自在天の用語が用いられていたことがわかる。

したがって摩醯首羅天・摩醯湿伐羅天・伊舎那天・商羯羅・大自在天等はことごとく同体異名でシヴァが仏教に取り入れられてからの名であるが、インドにおけるシヴァ自体が千以上の変名が用いられているから、仏教においてもシヴァの分霊をそれぞれの天部の神のなかに独立せしめたのであり、シヴァの存在はそれほどまでに無視できない大きなものであった

のである。

つまり摩醯首羅（Maheśvara）は漢字の当て字であり、大自在天は意訳である。また『大日経疏』第三に、「商羯羅是れ摩醯首羅の別名」とし、『因明大疏』にも、「商羯羅天、是れ摩醯首羅天、一切世界に於て大勢力あり」として商羯羅（Saṅkara）は大自在天の別名である。大自在天の立場は三千世界の主であるから大勢力をもち、一切衆生の願望を成就させる有難い天である。その形相については『理性院次第』に、

摩醯首羅天

身白肉色花冠《けかん》を着け、三目八臂あり。左第一手は拳にして腰に安し、上手は三戟叉を持し、次手は輪を取り、次手は棒を持す。右第一手には幡《どう》を持し、上手に鉞斧を持し、次手に宝螺を持し、下手に刀を持し、白牛に乗り右足を降す

と記しているが『摩醯首羅天説阿尾舎法』では、

行者次に応《まさ》に自身摩醯首羅天となるべし。三目頭冠瓔珞略荘厳なり。頭冠の上に仰半月あり。頂上青く十八臂に種々の器杖を持ち、龍を以て神線となし、角絡して繋ぐ、又た血を塗れる象皮を被る

と記している。三目で身体を冠瓔珞などで荘厳することは同じであるが、十八臂というのも珍しくこれは万能を意味するものであろう。頭冠の上に仰半月（正しくは三日月）をつけるのはこれはヒンドゥー教のシヴァ神のシンボルマークである。

また血を塗った象皮を被るというのは密教の図に見る三面六臂の大黒天《マハーカーラ》と同じであり、ここにも大黒天がシヴァの分霊であることがわかる。このほかに『迦楼羅密言経』では三面四臂、『五十巻抄』では唐本様として一面六臂を描き、胎蔵界曼荼羅では外金剛部院南西の隅、羅刹天の次に位置し、右手に独鈷印を結び、左手に三股戟を持って妃とともに坐している。

『大正大蔵経図像』や『諸説不同記』からその像容をうかがうと、三目一面八臂で、右手は十文字戟・法螺・剣、左手に三股戟・輪宝・宝棒、前の右手は日月を重ねた杖、左手は拳印である。そして青黒の牛に乗り左足を垂れているが、白牛に乗るものもある。

また『迦楼羅王及諸天密言経』では、

惹野天王は即大自在天王也。通身青色、三面にして正面は天正形に作り、右辺の頭は夜叉形の如し、而して忿怒形を見《あら》わす。牙歯を露出す。左辺の頭は天女形に作る。美貌にして紅白。三面皆天眼を具す。蠡髻《れいけい》に宝冠、首に円光ありて赤色、四臂。右上手は花を持って本尊を供養し下は数珠を持って心に当つ。左上手に三股叉を持ち、下手に金君持瓶、厳にするに天衣瓔珞を以てし、儼然として立つ

など、いろいろの像容がある。中国雲崗石窟中には三面八臂の摩醯首羅天がある。

また吉祥天や弁才天にも比すべき伎芸天は、摩醯首羅天の髪の生え際から生じたことが、『摩醯首羅天法要』に述べられている。

先づ摩醯首羅天王を描く。三面六臂、顔貌は奇独端正にして畏るべし。其髪際より一天女化坐す。殊妙喜ぶべし

とあり、つまり伎芸天は摩醯首羅天の分霊である。

伎芸天

伎芸天は摩醯首羅天（大自在天）の化生で芸能を掌どる神である。摩醯首羅天が天界で諸伎楽を行ったときにその髪際から化生したと伝えられる。『伎芸天念誦法』に、

摩醯首羅天（中略）忽然《こつねん》の間、髪際の中に於いて一の天女を化生す。顔容端正にして伎芸第一なり。一切の諸天勝るものなし

とし、万能の他の神々よりも伎芸が勝れている神であるから、世の諸芸術家、芸能家は弁才天や吉祥天よりこの天を信仰すべきである。

今一切の有情を利益せんと欲するが為に祈願するところの豊饒吉祥富楽の事、心の希求に随って悉く能く満足す

とあって弁才天・吉祥天の両方の能力を合わせ持つばかりでなく妙伎をもって人を喜こばせ、人の願いをことごとく叶えてくれるというのであり、顔貌端正であるから絶世の美女天で非のうちどころがない。こうしたあこがれの女神ともいうべき神が、仏教のなかでは意外と知られないのは心外である。また伎芸天だけを祀る寺院もない。

この天の像容は、

天の衣服を着《つ》け、瓔珞もて身を厳《かざ》り、両手の腕上に各々環釧あり、左手を上に向けて一の天華を捧げ、右手は下に向けて裙を捻《ちつ》する勢に作す。左膝上に摩登伽天坐す

とあり、『大正大蔵経図像』にこれに合致した天女形の図があるが、これは伝承として伎芸天であるという説もある。

インド神話ではヴィシュヌの臍から生じた蓮にブラフマーが生まれ、ブラフマーはサラスヴァティー（弁才天）をつくって妻とした。シヴァは伎芸天を髪の生え際から化生させたと

伎芸天

いう、男神でも神を生むのは分霊を生じさせる表現である。

日本でも伊弉諾尊《いざなぎのみこと》が男神でありながら天照大神・素戔嗚尊・月読命を生み、素戔嗚尊は天照大神と誓約のときに数々の神を生んだ。

これらは東洋的発想で生理的出産ではなく分身分霊の意味で、特に勝れたパワーが独立して神になることの表現である。

奈良時代から信仰されていたから秋篠寺の伎芸天像が有名であるが、この頭部は天平期頃のもので胴部は鎌倉時代に運慶が補作したものといわれる。

伎芸天の印相は合掌した二手のうちの無名中指を外側に交え、二指の頭を少しかがめて宝の形のようにするから福徳を願う意味である。真言は、「曩謨摩醯湿縛羅耶榲支摩胃試佉野莎訶《ノウマクマケイシュバラヤオンシマイシャヤソワカ》」と唱える。

伊舎那天

伊舎那天は伊邪那天・伊賒那天・伊沙天等と書くが、イシャーナ（Iśāna または Iśānā）と発音している。摩醯首羅天の忿怒身としてあらわされたものであるから、本体はヒンドゥー教のシヴァである。仏教に取り入れられてから摩醯首羅天となり、その分霊が伊舎那天となったのであるが、性格はシヴァそのものであるから猛烈で、『十二天報恩経』には、

此の天喜ぶ時は諸天亦喜び、魔衆乱れず、此の天瞋《いか》る時は魔衆皆現じて国土荒乱す

とあり、魔衆の王であるから甚だ恐ろしい神である。この天がおとなしくしていて満足していれば魔類も鳴りをひそめて跳梁しないが、一度機嫌を損じると、押えられていた魔類がこのときとばかり暴れ出し国は乱れ、土地は荒廃してしまうというから腫れ物にさわるように慎重に信仰せねばならない。

破壊神シヴァの投影であるから『十二天軌』に、

伊舎那天、旧には摩醯首羅天と云い、又た大自在天と云ふ

とあり、『孔雀王咒経』には、伊舎那を自在と訳して大夜叉の名としている。また『大日経』では滂達羅輸羅と称しているが、仏教の宇宙界では欲界の第六天に住して、八方天または十二天のなかの一神に列し、東北隅を守護する天とされている。『十天形像軌』には、

伊舎那天のいろいろ

黄にして豊《こ》えたる牛に乗り、左の手に却《こう》波の杯を持ちて血を盛り、右の手に三戟剣を持つ。浅青肉色にして三目忿怒なり。二牙上に出て髑髏を以て瓔珞となす。頭冠の内に仰月あり。二たりの天女花を持つ

とあり、この却波の杯とは盛血却波杯といってシヴァの持つところであり、頭冠にある仰月（三日月）のしるしもシヴァのトレードマークである。または『大正大蔵経図像』や『諸説不同記』では、

現図は三目、青色、赤髪、髑髏を以て瓔珞と為し、天衣を被て前より両肩に繋け、後より屈曲して垂下す。（中略）右手は内に向け、掌は嬭《ちち》の側にて三胡戟を持つ。左手は肘を竪に開き掌を仰ぐ。指頭を左に向け少しく四指を屈す。掌に杯器を持つ

等とあり、だいたい形式は一定しているが『安鎮記』には、

東北に緑色の旗を作せ、上に伊舎那天を画け、犂牛に乗り、右の手に三股叉を持ち、左手は腰に叉ふ

というのもある。また犂牛上に半跏趺坐して右手に月をつけた人頭杖を持ち、左手は杯を持つ手の形にするのもあり、左手に三股戟を持つ像、中国の神将風に武装して半跏趺坐で領巾《ひれ》をつけ、右手に三鈷戟を持ち、二人の侍童をはべらしている図もある。

胎蔵界曼荼羅では外金剛部院の東北の隅に住し、伊舎那天妃、常酔天（貪瞋痴の三毒の酒に酔う酒毒の恐ろしさを教えて一切衆生を善道に導く天）、喜面天（伊舎那天の愛子、伊舎那天の摂受方便

の徳を掌どる)、器手天(手に酒器を持つ)とその妻、そして大黒天と毘那夜迦(聖天〈歓喜天〉)などを眷属としている。このなかで大黒天はシヴァの分霊であり、摩醯首羅天も伊舎那天もシヴァの化身であるから、伊舎那天と大黒天は同一であるはずであるが、化身や分霊として各々独立すると、最も威力の強い伊舎那天が、化身や分霊のトップにたち、それらは眷属としてふくめられてしまうのであろう。

また日本においては神仏混淆と本地垂迹説の関係から、伊舎那天を日本神話の伊弉諾尊に結びつける説があるが、同音であるところからこじつけられたものである。

大国主命

日本における福神としての大黒天は、日本神話に登場する大国主命とダブったイメージによって形成された神であるから、大国主命の存在は決して無視し得ない。

大黒天と大国主命とがいつ頃習合したかというと、それは不明であるが、前述したように、『塵塚物語』では卜部兼倶の説として弘法大師が大国の文字を大黒に改めたと記している。

弘法大師たる高僧がこうしたことをおこなったということはまったく信じられないことで、それでは大黒天信仰以前に大国主命信仰が仏教のなかにあって、それを大黒の文字に改めたということになり、経文に記されている大黒天の存在は一体どうなのであろうかということになる。これは神道家が逆にこじつけた説で取るに足りない。

しかし平安時代すでに大黒天が日本的福神に変化しつつあったから、大国主命と結びつけようとする意識は芽生えていたことは確かである。

大国主命は日本神話のなかでも重要な役割を果たし、日本建国神話には見逃せない神として、『古事記』、『日本書紀』には多くの別名をもって登場している。八千戈神《やちほこのかみ》・葦原醜男《あしはらのしこお》・顕国玉神《うつくしにたまのかみ》・大物主神《おおものぬしのかみ》・大国魂神《おおくにたまのかみ》・大己貴神《おおなむちのかみ》（大穴牟遅神）等で、『出雲国風土記』では所造天下大神《あめのしたつくらせしおおかみ》大穴持神《おおなもちのかみ》というが、多くの別名で呼ばれることはヒンドゥー教のシヴァと同様である。

これらの神名はそれぞれの名としての発生理由があったからつけられたのであろうから、あるいは同一神異名でなく、古代の各地の神が一つにまとめられたものかも知れない。

各地の土地神や、国土経営神を総合して一神としたのが大国主命であろう。

たとえば大国主命は大和の御諸山に祀られて大物主神とされるが本体は蛇体である。もっとも大物主神はしばしば夜になると女性をもとめて歩くが、大国主命も国土を経営してから各地の女性に婚をもとめて歩いている。どちらも性神的要素が強い。

八千戈神という尊称も武力で国土を広めた故の名と想像され、大己貴（大名持）も広い領土を所有するところからの名称であろう。

すなわち、土地神や国土経営神の複数が大国主命の名で代表されたのであるから、農耕民族が古代からうやまっていた土地神と結びつけられ、各地の伝承が一神の性格のようにつくられていったものであろうから、根本的には十地の豊穣を願う神であり、福神としての要素が強い。これに大黒天が習合したから福神となっていくのは当然である。

『古事記』や『日本書紀』からうかがう大国主命は素戔嗚尊と奇稲田姫の間に生まれた子とも、素戔嗚尊六世の孫ともされている。妻は須勢理毘売、子供に事代主命・建御名方命・味耜高日子根命《あじすきたかひこねのみこと》等が記されている。

神話では兄神八十神《やそがみ》たちの荷を入れた袋を背負って兄神たちの後に従ったが、稲羽（因幡）で赤裸にされた白兎を助け、八上比売《やがみひめ》を得たり、手間山で兄神にあざむかれて焼石を支えて火傷で死んだ。蛤と赤貝の神が同情して救い蘇生したので素戔嗚尊のもとに逃れて須勢理毘売と婚した。ところが素戔嗚尊は大国主命の勇気と智謀をこころみるために、蛇・蜈蚣・蜂の室屋に入れて試したり、広野に矢を放ってそれを取って来いと命じ、原の四方から火をつけて焼き殺そうとした。ここは鼠によって助けられ、戻って来ると妻が生大刀《いくたち》と生弓矢をあたえて逃れさせた。それから少彦名命とともに出雲国を廻って農耕を奨励し、荒ぶる神を鎮めて国土経営につとめた。やがて天孫降臨によって国を譲り、幽界に引退したというから幽界の大王マハーカーラと同じである。

この大国主命の神格は、こうした農耕社会を守護し、福徳円満の理想神としてあがめられるようになってからマハーカーラ（大黒天）と習合したときに、日本の大黒天は福徳円満の神として発展していくようになるのである。

日本の大黒天が大袋を背負うのは、『古事記』に兄八十神に命じられて従ったときに、「時於二大穴牟遅神一負レ帒為二従者一」という状況から、『南海寄帰内法伝』の大黒天が「金囊を持」つ姿との共通点からである。

恵美寿・大黒

恵美寿は夷・恵比須・戎とも書き、七福神のなかに加えられるが、これは仏神ではなく日本古来の神とされ、日本化した大黒天が日本の服装であるために、この二神を特に日本の福神の代表として、恵美寿大黒の一組にして祀るようになった。恵美寿の文字は縁起のよい文字を列べて訓んだだけで、ときには夷三郎とも呼んでいる。

仏教では七福神信仰から恵美寿をも取り上げているが、だいたい神道の神であるために天部の神に入っていない。仏教での恵美寿神は、神仏混淆を利用しても本地をインドの神として当てはめることができないので、日本神話の神として伊弉諾尊の第三子の蛭子《ひるこ》としている。

伊弉諾尊と伊弉冉尊が天の御柱を廻ってまぐわいをして子を生んだときに方法が悪かったので蛭子が生まれた。その子は三歳になっても立ち上がれないので尊は葦船に乗せて海に流した。それが摂津国の西宮の浦に流れつき、ここに鎮座したのが西宮の蛭子神すなわち夷神であるとの伝承がある。また後世大黒天（大国主命）と並んで信仰されるので、大国主命の子の事代主命であるとの説も生まれ、または彦火々出見尊であるとの説もあるが、これらは中世の付会の説である。滝沢馬琴はなかなか穿鑿好きであるから恵美寿神についても『烹雑《にまぜ》の記』中巻に次のごとく述べている。

夷三郎

えびすの神の事、世にはさま〲にいふあり。近ごろ七福神考といふものに、諸説をあげて詳《つまびら》に考証せらる。しかれどもなお、かうがへ漏せるものあるにや。西宮澳夷社《おきのえびすのやしろ》は太田の所変なり。蓋《けだし》乗㆓蛭児吟心㆒、而現㆓漁翁㆒神代伝受記これは彦火々出見尊の海浜《うみべ》にさまよひ給ふ時に、事勝《ことかつの》神亦名は塩土翁と現し導《みちびき》せし事あり。この説、古記にあればにや云云《しかじか》。又蛭子吟心《さまよう》の時、感じて出現まします太田命を夷《えびす》とし憑夷《ひょうい》河伯の名とし、磯に釣し現るる時、澳《おき》の別称とす。世間愛比須《えびす》と蛭児と混同せり。蛭児は、夷社《えびすのやしろ》にして、愛比須は蛭児吟心の時に出現の神、太田命の所変也神社啓蒙又平康頼、流人たりし時、硫黄島を去ること五十町に離山あり。紫岳と号す。彼山に夷《えびす》三郎の祠《ほこら》あり、岩殿と称す。康頼こゝに祝詞《のりと》せし事あり源平盛衰記又、安心法師が歌に、「世をすくふえびすの神の誓ひにはもらさじ物姦ならぬ身も広田ノ社二十四番歌合又藻塩草にも、西宮ノ海老主《えびす》、世を救うとよむとあり。これ歌合の事をいへり云云《しかじか》。日本紀通證に、拾玉集の慈鎮の歌を引たり。「西の海に風こころせよ西の宮あづまのみやえひすさすらふ」。又大己貴子事代主神、遊行在二於出雲国三穂之崎一。以レ釣レ魚レ楽。神代巻 又或説云。三十四代推古天皇九年三月、聖徳太子始二市売買術一誓二蛭児一為二商売鎮護神一後世以二愛比須一崇二福神一自レ是始年代記。又西宮ニ鎮座の事、神記の舊伝なるべし。定家卿の仮名遣には恵比須の字多し。俘囚人四夷海辺人を、和俗すべてヱビスといふ。蛭児を指てヱビスといふ事、上古にはこれなき事分明なり以上七福神考摘レ要

解按《とくあん》ずるに、中葉《なかごろ》より夷《えびす》の神と唱るものは、蛭児と彦火々出見尊とこれなり。慈鎮の歌に、夷さふらふ侍に三郎をかかたりとよみたまへるが如きは蛭児なるべし。神代巻云伊弉冊尊、巳生二大八洲国及山川草木一於是生二月神一次生二月神一次生二蛭児一雖二巳三歳一脚猶不レ立故《カレ》載二之於天磐橡樟船《アメノイワクスノフネ》一而順風放棄。これ日神は第一にをはします。月神は第二、蛭児は三郎なり、故に夷三郎と称す。さて蛭児をえびすと称するよしは、この神、尫弱《おうじゃく》不具にて、三歳になるまで、脚のたち給はざればなり。すべて物の異なるを指て、えびすといふ。これ天朝《アマツミカド》の古言なり。安斎翁の随筆に華を正とし、四夷を異とす。故に夷蛮狄戎、みなえびすと訓。匠人《しょくにん》紙を裁とぎに角の折こみたるをしらずして裁漏せばその角出て余紙と異なるを世俗えびす紙といふもおなじこころ也といへり〔頭書〕に云　えびす紙は、漢にこれを閃刀紙といふ。名物六帖第三帖に引二本草一載レ之　今按ずるに世俗すべて、物の円《まる》からず方《けた》ならざるを指て、いびつといふ。亦是えびすの義也。〔割註〕いとえと通ず。又ふるくは、すつかよはしていへり　むかし東をえびすといふよ

しは、奥羽は辺鄙近塞の地なれば、京様をしらず、華《みやこ》に比《くらぶ》ればそのさま異なる故に、あづまえびすといへり。こは奥羽のみにあらず。八隅の国々いへばさら也。近江にも夷長《えびすのおさ》をおかれしよし。国史に見えたり〔割註〕文徳実録巻十の十六面、天安二年夏五月己卯の條下を考ふべし　かかれば、蛭児の尫弱不具なるをもて、えびすとは称するなり。又この神、天磐櫲樟船に乗られて順風放棄られ、遠き島峯を宿としつ。そのさま同胞《はらから》の神たちには異なる故に、えびすとまうさんも亦、そのよしあり。蛭児の釣を好み給ふといふ事は、紀に見えねども、既に海辺に漂流し給はば、又海の幸を獲《え》給ひけん。且、尫弱不具なるによりて、はやく世を避給へば、栄枯得失につきて一切煩ひなし。荘子に、所謂、櫟社《れきしゃ》の樹、その無用なるをもて、寿《いのちなが》きが如く、これ真の福神にあらずや、世俗は福の福たる所以をしらず、福をもて富の義とす。誤れるに似たり。凡人間生涯の福といふは栄枯得失の交《さかい》を脱《まぬが》れて、無事なるにしくものなし。しかるに今、彼が福とする所を捨て、我欲する富を祈らば、これ甚しき惑ひにあらずや〔割註〕大黒を大国主命にすれば、この神久しく大八洲《おおやしま》を管領し給ひたるゆゑに、天孫《あめみこ》に返しまゐらする時、一旦は拒給ひしが、理の拒むべからざるを知覚して、故なく返しまゐらし、世を避て始終の福を全くし給ひしかば、これも真の福神なり。又布袋和尚のごとき、徳をつつみ光を埋み、生涯乞食して、無智無欲にをはりしかば、これも真の福和尚なり。この余毘沙門天、弁財天、福禄寿星に至りては、くはしう七福神考に見えたれば、今こゝに贅せず

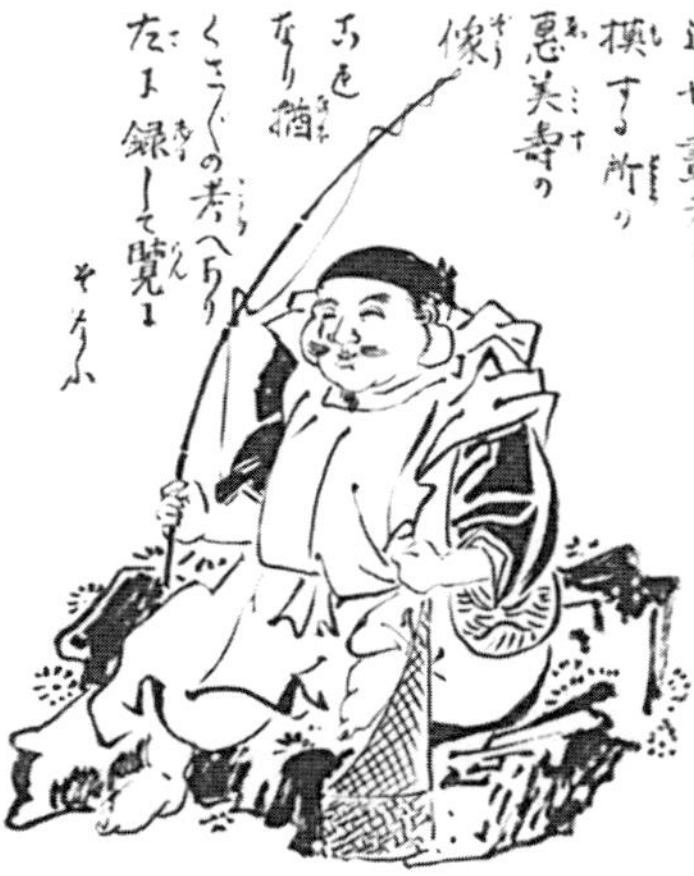

夷三郎

又當今《いま》、えびすの神像を観るに、釣竿を右にし、鯛を左に抱き、無目籠《めなしかたま》を傍に置て、巌に尻をかけたり。はじめこの像を作れるもののこころはしらねど、釣竿と鯛をもて據《よりどころ》とするときは、彦火々出見尊に似たり。書紀の神代巻を按ずるに兄火闌降命《ほのすそり》は自《おのづから》海の幸有す。弟彦火々出見尊は自山の幸有けり。始兄弟二人相謂曰、試に幸を易《かえ》んと欲《おも》ふとて、遂に相易え、各其利を得給はず。兄悔之弟の弓箭を還して己が鈎《ち》を乞《こへり》。弟は既兄の鈎を失ひ給ひつ。訪覓《とぶらいひく》に由なし。故別《かれこと》に新鈎を作りて兄に与へ給ふに、肯受《うけ》づして故鈎を責《はた》れり。故彦火々出見尊憂甚深。行海畔に吟《さまよい》給ひつ。時に塩土老翁に逢ぬ。老翁問曰、何故にか此に在して愁給ふや。対《こたえ》給ふに事之本末を以す。老翁曰、勿復憂吾当二為レ汝計一レ之乃作二無目籠《かたま》一内二彦火々出見尊於籠之中一沈二之于海一即自然可恰小汀《おのづからにうましをはま》あり。於是籠を棄て遊行《いでませば》、忽海神之宮に至給ふといふ段に、海神因問二其来意一。時彦火々出見尊対《こたえ》二以情之委曲《あるかたちを》一。海神乃集二大小之魚一逼問《せめとふ》之。僉《みな》曰レ不レ識一。唯赤女（赤女ハ鯛魚ノ名也）此有《このころ》二口疾一不レ来。固召之《しひてよびて》探二其口一果得二失鈎一。云云。見るべし。今のえびすの神像の釣竿を右にし、鯛魚を左にし、無目籠を傍におきたる、すべて彦火々出見尊失ひ給ひし鈎を索めて、海神の宮に赴き、赤女の口中を探りて、失たる鈎を獲給ひし形勢《ありさま》に似たり。且彦火々出見尊は弟にてましませども、兄火闌降を超て大八洲を御《しろしめ》したれば、これ天稟の福神にこそをはするなれ。ことのやうはよく称《かな》ふに似たれども、彦火々出見尊にするときは、えびすと唱るによしなし。余が臆度をもてこれを弁ずるときは、えびすの神は蛭子なるべし〔割註〕安心法師がえびすの神の、世をすくわんとちかひ給ひしよしを詠たるは、何に本づきたるをしらず、もし事勝神一名は塩土翁、彦火々出見尊をたすけ奉りしかば、彼神を指て、世をすくふえびすの神とよみたるか。又彦火々出見尊天下しろしめして、世をひろく恵《めぐま》せ給ひしかば、彼尊をえびすの神として、世をすくひ給ふよしを、よめるにや。歌のこころは、千載集に慈円の、おほけなくうき世の民におほふかなわがたつそまにすみ染の袖と、よみ給へるに似たり房総志料（巻ノ三）に上総の夷潜《いすみ》郡山田村に、時雨台《しぐれだい》といふ処あり。山上に不動を安す。近ごろ彼処の農夫、相川某といふもの、山麓を発《ひらく》ことありしに、高六寸許なる銅像を掘出せり。その体甚古質にして、重六百四十量《め》あり。何の像なるよしをしらず。その形、頭に幞頭やうのものを戴き、直衣《なおし》に袴を着し、左脚を些《すこし》斜にせり。前年、雪舟の図したる、えびすの古画を見たりしに甚相似たり。右の掌の中に穴あり。竿など著し穴と見ゆ。えびすの像なる事疑ひなし。側に高き森あり。森の中に日の神をまつれりといふ。おもふに彼神祠中のものなるべし。その図をこゝに載といへり今図説共に抄録すこれはえびすの像にはあらぬなるべし。羅山先生の説に因《よる》ときは、金毘羅の像ならん。彼山上に不動を安ずとあるをもて推量するに、はじめは不動、金毘羅とならびて立しなるべし。七福神考にも、大黒の袋を負像を取て、大己貴命とせば、愛比須は金毘羅神たるべきか。いかにとなれば、金毘羅の像、日光山にありて烏帽子に袴を着て夷居体《うついせるかたち》なり。叡山にあるも又おなじと羅山先生の記に見えたるよしいへり。かかれば、房総志料に載たるえびすの像も金毘羅ならんか。但、件《くだん》の像を金毘羅とする審《つまびら》ならず。金毘羅は天竺、耆闍崛山《きしやくつせん》の神王なるよし、讃岐の南月堂三等が、金毘羅霊験記に、増一阿含経、天台妙之句、法苑珠林、大宝積経、金毘羅天童子経等を引て、つばらにこれを考証せり。

烏帽子袴は本邦の平服なり。これを天竺の金毘羅とする事、その故をしらず。但金毘羅は三輪の神なりといふ説あるによれるにや。さればこそ七福神考にも、大黒を大己貴命とするときは、愛比須は金毘羅神なりといへるならめ。仏説の外に金毘羅と称する神ありやこゝろ得がたし。そはとまれかくまれ、原《もと》金毘羅の像なるをえびすの神の像とせばます〳〵非なり。貫之の像をもて菅家の神像とし、孔子の像を閻魔にしたるもありとかいへば、かゝる惧《あやまち》世に多かり。

夷の仮名はえびすなり。しかるを中葉よりゑびすと書、これ誤りなり。いにしへはえみしといへり。みとひとしとすと相通なれば、やがてえびすといふ。書紀垂仁紀に江美志、又愛瀰詩、私記に江美須、敏達記に毛人を江比須、大毛《おおえびす》云々とあれど、恵美志とも恵美須とも書るものを見ず。藻塩草に海老主とあるも海老の仮名、えびなり和名抄、鰕和名衣比注俗用二海老二字一よろしく之の仮名を用ふべし。前にも弁ずるごとく、えびすとは京洛より辺鄙を指、雅《みやび》より俗《さとび》を指ことばにて、いまだ見なれざるものなれば、得不レ見《えみず》の義なるべし。よしや常に見るものといへども、われに異なるものをばいやしめて、えみすといふ。譬ば、辺土の浮浪人、官もなく爵もなく、只その強勢をたのみて横行《おうぎょう》し動《ややも》すれば国司の命に叛くものを、朝廷《みかど》より俘囚と呼《よば》し給へり。奥の阿倍頼時が類、その身富といへども俘囚なり。これらの浮浪人いまだ囚《とらわれ》とはならねども、犯すときは必ず囚となるべきものなれば、これをいやしめて俘囚といふ。漢土《もろこし》にて北狄を北虜とも、只虜とのみいへるもおなじこころなり。いまた虜とせざれども、境を犯すときは必虜とすべきものなれば、いやしめて虜と呼べり。俘も虜も和訓えびすなり。彼常に見るものとはいへども、奇異なるをいやしめてえびすといふよしを、これらに準《なづらへ》てしるべし。しかるに物子は孔子の像に賛して、日本夷人物茂卿と書たり。こは甚き惧《あやまり》にて非礼のかぎりなるよし。曩《さき》に安斎翁の随筆、及《また》村田翁の時文摘紕《じもんてきひ》に論じられたりき。人のしるところなれども、

北斎画の恵美寿・大黒天（模）

姑《しばら》く童子等が為にいふのみと諸書を引用して長々と説くが、えびすの用語にのみこだわった説で要点をつかんでいない。このほかに多田義俊の『南嶺遺考』蛭子の項、伊勢貞丈の『南嶺遺考評』・『斉諧俗談』などにも夷神について触れているが、これらはすべて蛭児神を夷神とした観点にたっている。

恵美寿神は烏帽子をかぶり、狩衣、袴姿で、右手に釣竿、左手に鯛を持っている像が一般的で、異装は見ないから、だいたい中世に定まった服装で、恵美寿大黒一組として信仰されるようになったのも中世からであろう。

また仏家では恵美寿神が大黒天と同じく喜悦の福相であるのは、蛭子（毘留古）はもともと歓喜の相であったから笑える神、喜びの神との意から恵比須・恵美須（笑みす）というようになったとこじつけている。
しかし恵美寿信仰として恵美寿神は古来から民間信仰の神として特に漁業に関係のある神である。

漁業では守護神として船霊《ふなだま》を主として祀るが、恵美寿神は漁業だけでなく山村農村や都市にまで祀られ、特に商家においては夷講を組織したりして商売繁昌の神にまで発展している。その神像は、俗にいう夷三郎神として大黒天と並んで祀られるが、他の影像もある。

そして漁民の間では夷の語のとおり、海の彼方から異郷の富と仕合わせをもってくる、異郷人《まれびと》の信仰からきている面もあるので漂着神としてとらえられていることもある。

故に海の彼方から福を将来する神であるから、日本の古い時代からの民間信仰の一つで、たまたま蛭子に結びつけられ神道系の神となったが、七福神信仰や恵美寿大黒信仰によって全国的に普及した神である。

福を招くということから、江戸時代では特に商家が厚くこれを信仰し、正月または十月の二日を夷講として夷神を祀るが、十一月二十日の例もあり、歳の市と結びついて十二月二十日に祀ることもある。

夷講の日には神棚に一升枡を上げて、それに銭や財布を入れて招福を願い、東北地方では、鮒を水鉢に入れて供えたり井戸のなかに放ったりする風習があるという。

第七章　七福神

七福神とは

七福神とは七つの福神を集めたもので、民間においては縁起のよいものとして歓迎したものので民俗的な信仰の意味が強い。このなかのトップクラスは大黒天であるが、大黒天と組物にされる夷神（恵美寿）をはじめとして、毘沙門天・福禄寿・寿老人・布袋和尚、そして紅一点として弁才天で構成される。また福禄寿と寿老人は同一神と見た場合には吉祥天が加わったり、または猩々を入れたりするが、要は福神と見倣される七つを集めたものである。

七の数を選んだのは『仁王経』による「七難即滅七福即生」に因んだとも、この語句により、寿命・有福・人望・清廉・愛敬・威光・大量の七つを意味させるために、天海僧正の意見によって徳川家康が狩野派の画家に七神を描かせたのがはじまりとしている。

または谷文晁の意見によると、狩野松栄以前には七福神の絵はないという（『三養雑記』）が

七福神

室町時代中期に宮中や御所で宝船の絵を用いた記録があるから、その宝船に七福神が描かれていたかどうかで、七福神の上限がわかる。また応永二十七年（一四二〇）に京都で七福神の姿に扮装した行列の記録や、文明年間（一四六九〜一四八七）に七福神の姿をした盗賊が横行した記録がある。とにかく江戸時代の宝船には必ず七福神が描かれ、また七福神だけの絵も多く描かれていた。

しかし揃えた福神は前にも述べたごとく、大黒・恵美寿・毘沙門・布袋・南極老人は常に登場するが、元禄十一年（一六九八）の『日本七福神伝』では福禄寿がなく吉祥天と弁才天の二女神を加え、享保頃（一七一六〜一七三五）の『合類節用集』では南極老人の代わりに福禄寿と猩々が加わっている。

猩々は神ではないが謡曲の『猩々』に、「われをまつるものならば、富貴の身となさん」とあるので福神と見ている。また多田義俊の『南嶺子』（寛延三年　一七五〇）に、

世に七福神の掛物といふものあり。漢土の布袋、日本の蛭児、天竺の吉祥天、あまさずもらさず取こみやう

とあって吉祥天が加わっているから、江戸時代にはいまだ一定していなかったらしい。

文政頃（一八一八〜一八二九）の『神道問答』では大黒天を大国主命、恵美寿を少彦名命、弁才天を市杵島姫命、福禄寿を琉球の神、布袋を中国経山寺の和尚、毘沙門を天竺の神、寿老人を天南星の神とした。また大内青巒の『七福神』では、天海僧正の説を採って寿命は寿

老人、有福は大黒天、人望は福禄寿、清廉は恵美寿、愛敬は弁才天、威光は毘沙門天、大量は布袋和尚であらわしたとした。

また七福神はそれぞれが性の表徴であるとの説もあり、いろいろの縁起的意味がこじつけられたが、要するに縁起のよい民俗信仰として歓迎され、それは酉の市の熊手や、寺社で授ける宝船の絵などのほか、七福神それぞれを祀る所を初詣でする風俗として現代にいたっている。

七福神詣でとは、年頭の初詣でとして一地区の寺社に祀る福神七ヵ所を順に廻ってお札をもらって歩くことで、縁起を兼ねた一種のリクリエーションで現在も行われている。東京都だけでも一六地区にあるから全国では夥しい数になる。

たとえば浅草を中心とした地区では、金龍山浅草寺の大黒天、浅草神社の恵美寿、今戸神社または矢先神社の福禄寿、待乳山聖天の毘沙門天、石浜神社または鷲《おおとり》神社の寿老人、橋場寺不動院の布袋、吉原神社の弁才天等である。

また上野界隈では、不忍池中島の弁才天、谷中天王寺の毘沙門天、谷中初音町長安寺の寿老人、日暮里経王寺の大黒天、同じく修性院の布袋、日暮里青雲寺の恵美寿、田端東覚寺の福禄寿等で、これらは半日がかりで巡拝する。

以上の七福神のなかで弁才天については拙著『弁才天信仰と俗信』（雄山閣）で詳しく述べてあり、大黒天については本書で述べ、恵美寿神についても前項でふれたから、ここでは毘沙門天・福禄寿・寿老人・布袋和尚について概説する。

毘沙門天

毘沙門天は仏教神で北方鎮護の神である。この神は古代インドにおいては、『マハーバーラタ』および『ラーマーヤナ』などの叙事詩にでてくるが、宇宙を創造したプラジャパティの子孫で、世界中の富と不死の生命をあたえられたという幸運の神である。したがって後世の日本において七福神のなかに入れられたことは当然で、むしろマハーカーラ（大黒天）より福神としては相応しい神である。『法華義疏』には、

恒に如来の道場を護りて法を聞く故に多聞と名く

とあるが、毘沙聞天はもと金毘羅《クビラ》（Kubera）・蛟龍といい、暗黒の属性であったから北方の神とされているが、しだいに光明神に変わり『マハーバーラタ』の物語では施福の大神となった。

須彌山第四層の北にある水精宮にいて、八方天および四天王の一に数えられ、夜叉羅刹を支配して国土や有情界を守護する福神であり武神である。

インド神話では、これ以前に毘沙門の勢威があまりにも増大していくのを父親が妬んで毘沙門を呪うので、彼は絶世の美女三人を選んで父親の許に送った。父親は喜んで三人の女性

にそれぞれの子を生ませたが、それらの子供たちがまた毘沙門の豪華な生活を妬み、毘沙門を追放しようとし、その力を得るべく苦行の生活に入った。なかでもラーヴァナという頭の十もある義弟（美女に生ましめた子であるから異母弟）は、荒行として自分の身体のまわりに火をつけ、そのなかで一本足で立ち、千年も飲まず食わずを通し、満願の日には自分の十の頭を順に斬りとって息絶えた。これを見た宇宙の創造主プラジャパティも驚いてラーヴァナを蘇生させ永遠に生きる命と常勝の力をあたえてやった。ラーヴァナは喜んでさっそく毘沙門の住むランカー（現在のセイロン島）の宮殿に攻め入って毘沙門を追い出した。

毘沙門は夜叉羅刹緊那羅などを連れて北方に逃れ、ヒマラヤのガンダマーナタ山に移り住んだ。ここが宝物の山であったので、以前にも増して立派な宮殿をつくったのである。

仏教に取り入れられ、須彌山第四層の北にある水精宮というのに住むというのはこれである。『功徳経』に、

無量の福徳を得て一切世間に於て喩《たと》ふるものなし、所以《ゆえん》何となれば此天王の左手の中より無量の七珍宝を出し、右手の中より一切法蔵を顕《あらわ》し、諸の衆生に随て一切の宝物を賜与せんと欲す。若し毘沙門天王の名を聞かば、一切業障を滅し、阿耨多羅三藐三菩提《じょくたらみやく》三菩提を得せしむ

とあるように左手より無量の七珍宝を出すとあるところから、毘沙門天が左手に捧げる宝塔は福徳財宝を生む塔であるが、仏法護持の天であるから、これを舎利塔とすることもある。

また右手のなかより一切法蔵をあらわすというところから『十二天軌』では、

　北方毘沙門天は二鬼の上に坐し、身に甲冑を着、左手に塔を捧げ、右手に宝棒を執り、身は金色なり、二の天女ありて宝蓮華を持つ

として、右手に宝棒を持って二鬼の上に半跏趺坐する姿もある。『摩阿吠室羅摩那野提婆喝囉闍陀羅尼儀軌』では、

　身に七宝荘厳の甲冑を着、其の左手に三叉戟を執り、右手は腰に托す。其の脚の下に三夜叉鬼を踏む

とあって、左手に三叉戟、右手は腰に当てた姿もあるが、日本では多く左手に宝塔、右手に三叉戟を持つ像が多く、また踏まえた二鬼は中央の地天の両側に位置し、地天が毘沙門天を手で支えている像がある。

極楽寺（奈良県）の毘沙門天

　仏教では四天王のなかの一神にふくめられていたが、中国で四天王信仰が盛んになり、日本でも平安時代初期にはすでに毘沙門天信仰が行われ、鞍馬寺、信貴山朝護孫子寺などが有名で、護法神・戦勝神

として信仰された。

福徳神として信仰されるようになったのは中世以降で、特に七福神のなかに数えられてからはいっそう福徳の神と思われるようになった。

毘沙門天が中尊として祀られるときには、その妻である吉祥天と子供である善膩師童子が脇侍として三尊形式にするが、毘沙門天には最勝・独健・那吒・常見・善膩師の五人の子があり、これを五太子という。

また眷属の代表として宝賢・満賢・散支・婆多祁哩・醯摩縛迦・毘灑迦・阿吒縛迦・半遮羅の八大薬叉大将や五大鬼神・二十八使者などがある。

吉祥天

毘沙門天の妃ともいわれ、七福神中の福禄寿と寿老人が同一神だとすると六福神で、一神欠けるために吉祥天を加えることもある。『山下次第』下に、
此の天は八兄弟及祖母等、吉祥功徳天、萬勝独勇男女子孫等の眷属あり、自ら囲繞《いにょう》す、以て功徳天は多聞天の后と知るなり
とあって多聞天すなわち毘沙門天の妻とする説もあるが、父を徳叉迦、母を鬼子母神、毘沙門天を兄とするという説もある。

吉祥天は摩河室利（Mahāsri）というがヒンドゥー教ではマハデーヴィー（Mahādevi）と呼ばれ、偉大な女神の意で、シヴァの妻も同名で呼ばれるが一般にはラクシュミーの名で呼ばれている。ラクシュミーとは幸福・繁栄の意味があり、ヴィシュヌの妃であった。

ヴィシュヌにともなってラクシュミーもさまざまに姿を変えて物語にあらわれるが、仏教に取り入れられると、いつの間にか毘沙門天の妃にされたり妹にされたりしてしまっている。

『演秘鈔』第十五に、

雑紗一に云く、不空三蔵所訳の毘沙門天王経中に吉祥天女の印相を説く、是れ多聞天の所属なること明かなり。以て推知すべし

とあり、『最勝王経』には、

爾の時大吉祥、仏に言して白さく、世尊北方辟室写未拏天王の城を有財と名付く、城を去ること遠からず、園あり、名けて妙花《みょうげ》福光と云ふ。中に勝殿あり、七宝の成ずる処、世尊我れ常に彼に住す

とあって、そこは毘沙門天の居城の最勝園である。そこに吉祥天も住するから功徳天というのであるが、それは一切衆生に功徳をあたえるからで、持っている如意宝珠から財宝を出して衆生にあたえる。故に『摩訶吠室羅未那提婆喝羅闍陀羅尼経』にも、

功徳天女身、現われて其の呪師の求むる処の一切の財宝及び一切の事皆心に称《かな》うことを得

とある。『功徳天経』にも、

我已に過去の宝華功徳海、璃瑠金山、照明如来、応正偏知、明行足、善逝、世間解、無上士、調御丈夫、天人師、仏、世尊の所に於て、諸の善根を種《う》えたり。是の故に我今念ずる所の方に随い、視《み》る所の方に随い、至る所の方に随い、悉く無量百千の衆生をして諸の快楽を受けしめん。若し衣服、飯食、資生の具、金、銀、七宝、真珠、瑠璃、珊瑚、琥珀、壁玉珂具までに悉く乏しき所無からしめん

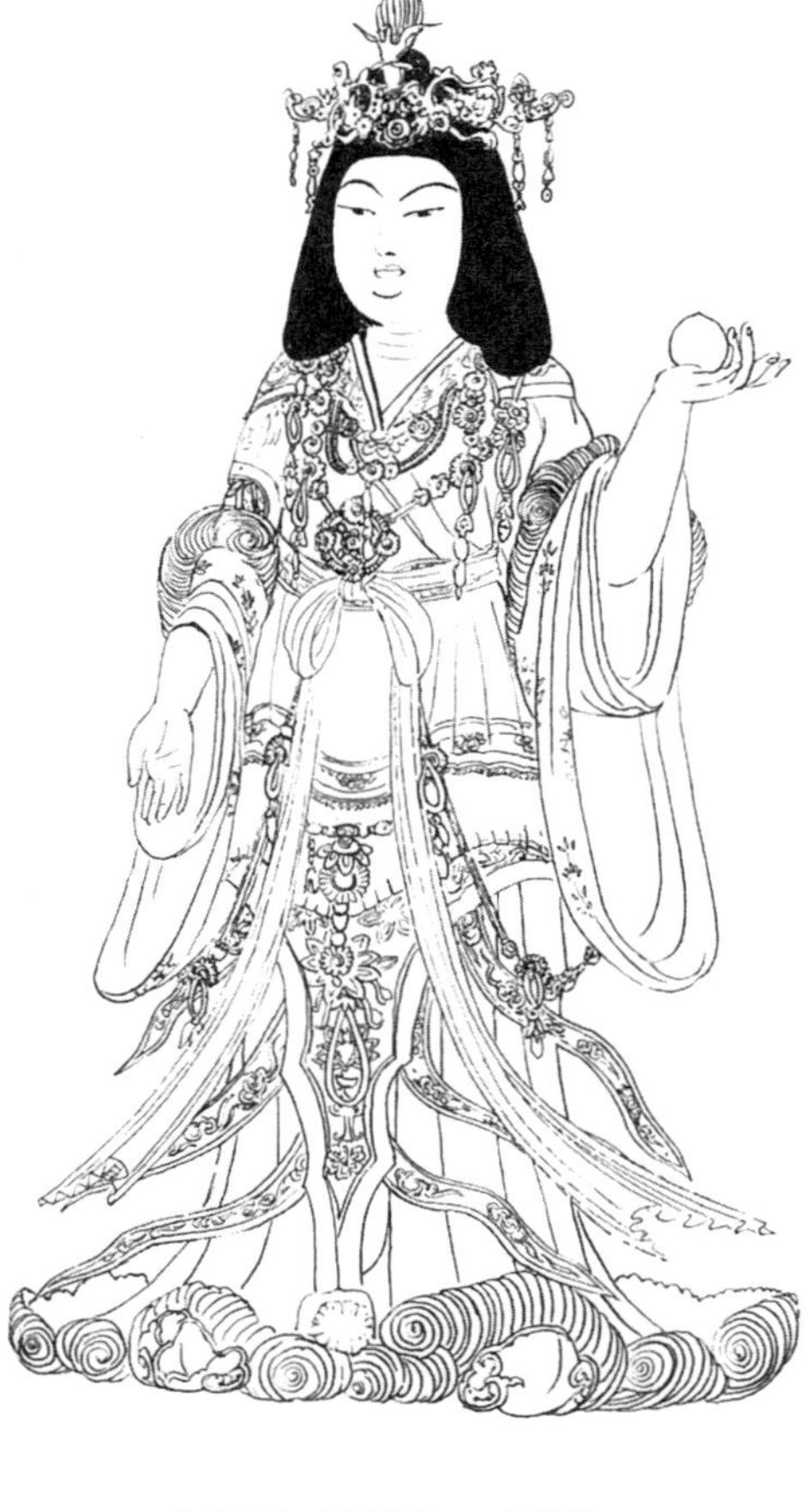

浄瑠璃寺（京都府）の吉祥天

とあり、『大日経疏』では、

功徳天は毘沙門に随って北方にあるべし、若し本位ならば亦西方に置在すべし

とあって、吉祥天は北方と西方との二説がある。

吉祥天はまた那羅延天の妃とする説もあるから西方に置く説も生じたのである。

吉祥天は功徳天として絶大な施福神であるために『大吉祥天女十二名号経』には、吉慶・吉祥・蓮華・厳飾・具財《くざい》・白色・大名称・蓮華眼・大光曜施食者・施飲者・宝光・大吉祥の呼び名があるとし、

此の大吉祥陀羅尼及び十二名号は能く貧窮一切の不祥を除き、有ゆる願求皆円満することを得しむ。若し能く昼夜三時に此の経を読誦し、毎時三遍或は常に受持して聞えず饒益の心を作し、力に随ひて虔誠に大吉祥天女菩薩に供養すれば、速に一切の財宝豊饒にして吉祥安楽を獲ん

とある。美貌にして福徳を授ける神であるから正に吉祥の文字に相応しい女神で、「大吉祥天女菩薩」と天部の神でありながら菩薩の称号まで奉っている。弁才天が庶民的信仰であるのに対して吉祥天は上流に尊信厚く、天武四年（六七五）には宮中において五穀豊穣の祈願が行われて以来、しばしば「吉祥悔過会《きちじょうけかえ》」が執り行われ、罪悪を懺悔《ざんげ》し災禍を除き福徳を祈願した。故に鎮護国家的要素が強いために庶民的信仰の弁才天には及ぼなかった。吉祥天の形相は『陀羅尼集経』に、

功徳天は身端正にして赤白色二臂なり。種々の瓔珞天衣宝冠あり。左手に如意宝珠を持ち、右手を施無畏にす。宣台上に座せり。左辺に梵摩天を画け、手に宝鏡を執り右辺に帝釈天を画け、天女を散華供養するが如し。背後に各一七宝山を画け、天像の上に於て五色の雲を作り、雲の上に六牙の白象を安じ、鼻に馬瑙《めのう》瓶を絞え瓶中より種々の宝物を傾け出して功徳天の頂上に灌《そそ》ぐ

とある。とにかく完璧な福神であり美女神であるから当然七福神のなかに加わるべきである。

福禄寿

福禄寿は中国道教の神である。南極老人星の化身で、中国北宋の嘉祐年中（一〇五六～一〇六三）にあらわれた道士であるともいう。

道教の神は無数にあるが北と南とに神仙がおり、南の神仙を「天の大尉」または「南極老人」といい死者の魂を救済する神としている。道教では南極星が死んだ者の魂を救済する秘密の鍵を握っていると考えられていた。俗人は死ぬと仙人になれないが、南極宮にいる福禄寿の力によって「流火の泡」で魂を溶解させられると、魂の体を得て仙人となって南極宮に昇り、宇宙と同じ長さの長寿を保つようになると考えられていた。

また福星・禄星・寿星の三星の精をもって一つの神仙としたともいわれる。

矮小で頭が長く、美髯をたくわえ、杖の頭に経巻を結びつけ、白い鶴をともなうが、これに亀を加えることもあり、長寿をたたえたものである。経巻には人の寿命が記されているから、福禄寿に祈って生命の延びるのを願うのであろう。

寿老人

寿老人は福禄寿と同神であるといわれている。井上円了博士は『妖怪学講義』「七福神」の項で、

福神考に云《いう》　寿老人福禄寿は一人別名の由にて、本は化人也。或は別人とする説もあり。世に伝ふる図像を見れば、寿老人は其形端正にして仙老の像、しかも鹿をさす。福禄寿は長頭短形にして、最黒相なり。亀を愛し鶴を懐《なづ》く。二人ともに星宿の精霊なりと云ふ。又仙老なりとも云ふ。或る記に云く、俗に所謂福禄寿は即ち寿老人なり。五雑俎に之を評して云く、宋嘉祐年中、寿星変じて道士と為り、酒を飲めども酔はず、夫れ星の精、人と為り、感ずる所あって而して生ず、理或は之れ有り。豈に天に在るの宿変じて人物と為り、下りて人間に遊ぶ者有らんやと云云。谷響集にも、福禄寿と寿老人別名同人の由見えたり。又老人星を以て寿老人に当る説あり。日本七福神伝に云く、世に曰ふ福禄寿星は乃ち南極老人なり。其の福禄寿星と称するは、福禄寿の三徳を主《つかさど》るの星なり。

> 所謂福は治安より大なるは莫《な》く、寿は黄河の屢清《す》むを見るなり。禄は既に福寿あれば則ち禄其の中に在り。福神考之《いう》、諸説を見くらぶるに、福禄寿老人、星寿老人、寿星皆同事にて、延寿の巧を以て神々と云へるなり。或人云、寿老人の杖に結び付けし一軸は天下の人の寿命の短長をしるす司命の巻なりといへり

とし人の寿命を記した巻物を持つのは、福禄寿と寿老人とが持つようになるが、こうした点からも混同があり、同一人物であることがわかる。福禄寿と寿老人を別人と見た場合には、福禄寿には道士的帽子をかぶせて玄鹿を配し、寿老人を長頭矩躯にして鶴を添える。また付属の動物を逆に配したりしている。

北斎画の福禄寿（模）

雪舟画の寿老人（模）

南極星の精であるということは、北宋の仁宗のときに長頭短身の老人の道士があらわれ、「吾は寿を益する聖人で南から来た」といい、仁宗に招かれて酒を振舞われたが、少しも酔わず忽然と消えてしまった。そのとき朝廷の天文の役人が、「ただ今皇帝の玉座に南極星が廻っておりました」と奏したので、さてはいまの老人が南極星であったかと人々は悟ったという。『新纂　仏像図鑑』（国訳秘密儀軌編纂局編　国書刊行会）には、「普通の老人の杖を持ち、玄鹿を伴ふを常とす。即ち玄鹿は千五百歳を経たる鹿にして、人若し此の肉を食する時は二千歳の寿を受くると云ひ、延寿の神として祭らるるものなり」とある。

布袋

布袋和尚は中国五代のときに明州の奉化県に住んだ実在の僧であるという。自ら彌勒菩薩の化身と称したといわれている。『妖怪学講義』「七福神」の項に、

伝燈録、明州奉化県に布袋和尚と云ふあり。其の形材、矮体《わいたい》にして蹙額皤腹《せきがくはふく》、杖を以て一の布袋を荷い、身に供するの具、盡《ことごと》く嚢中に貯へ、鄽肆《てんし》聚落に入りて物を見て輒《すなわ》ち乞ひ、或は醯醢魚菹《けいかいぎょきょ》、才《わづか》に接すれば口に入れ、少計を分ちて嚢中に投し、自ら称して㓞之《けいし》と名け、時に長汀子、布袋師と号す。蓋し彌勒の化身なり。事類全書云、布袋と称するもの四人あり。唐末僧契此《けいし》、宋世に僧了明と云ふあり。其形傾肚大道貌豊碩、世称

二布袋一云云。元世に布袋と云ふものあり。これ再来なりといふ。元末に棗命《そうみよう》張氏の男、容貌常に異り、膨脝《ほうじゅん》踵《くびす》を擁し、人を見て嬉笑し、恰も俗に画く所の布袋に似たり云云。日本七福神伝に曰く。布袋和尚は未だ以て福神と称する所以を知らず。按ずるに国俗図する所の形は、布袋を担荷し、頗る大黒天の模像に似たり。笑を含んで誾々《ぎんぎん》、故を以て福神と称するか、然らば本《も》と権化の散聖、而して格して黒迹《こくせき》を言て世に顕赫す。今或は其の像を取て而して、児戯の翫具と為すものは、神聖を蔑《ないがしろ》にするの罪を免《のが》れざるなり。

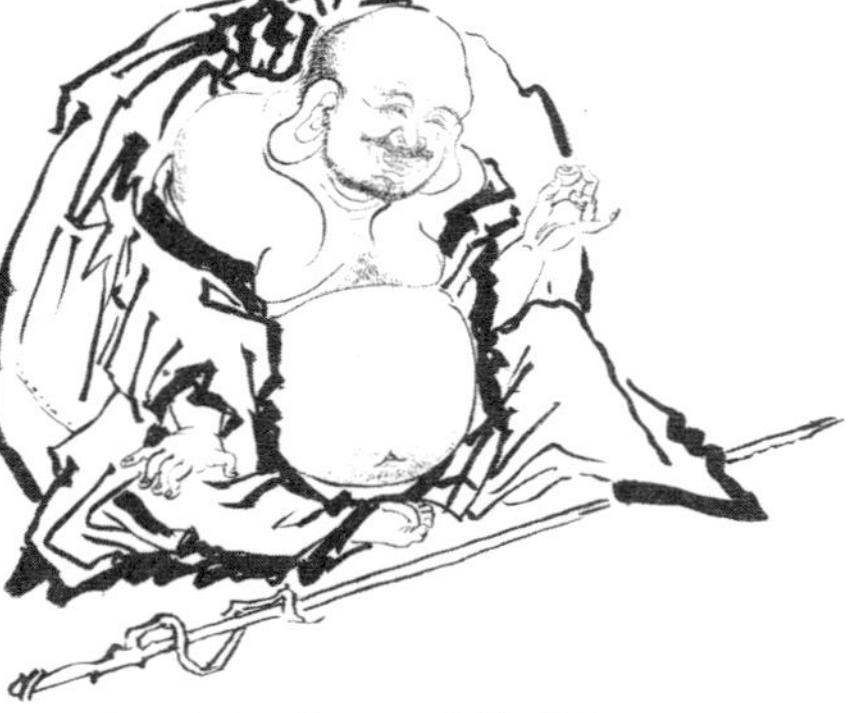

室町時代に描かれた布袋（模）

福神考云布袋和尚常に少童を愛せらるるよし言ひ伝へ、画にも多くは児童を添へてから子遊びなど云へり。されども三仏伝によれば十八人の童児も仏の化身ならめ。布袋を以て福神とする事其説明證なし。国俗図画する所を見るに布嚢を荷い頗る大黒の像に似て、笑を含みて誾々たり。故に以て福神と称するなるべし

とある。実在の人物のようでもある反面に布袋和尚に擬される者が数人いるが、唐末の契此《けいし》は唐が滅んでから一〇年目、後梁の末帝貞明三年（九一七）に嶽林寺の東廓の磐石上で示寂した。彌勒の分身は

千百億あるから時に応じてあらわれるという偈を唱えたということから、布袋は彌勒菩薩の化身であったという説が唱えられるようになり、彌勒菩薩であれば人々を救済するという考えから福神的要素がたかまり、ついに日本において七福神のなかに加えられるようになったのである。

宝船

現代では見られなくなったが、昭和の初期頃までは寺社で宝船の絵を刷ったものを頒布し、正月元日の夜か二日、または節分の夜に枕の下に敷いて眠るとよい初夢を見、その年に幸運が訪れるとした。江戸時代には宝船売りが売って歩いた。

金銀財宝と七福神が乗っていて、帆に宝と書いてある縁起絵で、なかには軸物として正月に飾り、宝船の置物も床の間に飾られた。

古くは船に稲穂や米俵を満載した図柄であったといわれるが、賑やかにするために打出の小槌や金銀財宝、長寿のしるしの鶴亀も加えられた。海の彼方から仕合わせがくるという思想からで夷（恵美寿）神信仰の影響、打出の小槌を添えることから大黒天信仰が意味され、やがて七福神が同乗するようになったものである。江戸時代にはこの宝船の上方に、

ながきよのとをのねぶりのみなめさめなみのりふねのおとのよきかな

明治時代の宝船図

という上から読んでも下から読んでも同文の歌が記されていた。帆には一般的に〝宝〟の文字を書くが、悪い夢を見たときには夢を食う獏《ばく》という動物に因んで〝獏〟の文字を書いたものもあった。

室町時代にはこの風習がすでに行われていたらしく『安斎随筆』に、「古代の書にこれを正月の枕の下に敷こと所見なし。京都将軍の頃既に此事あり」と記されている。『沢巽阿弥覚書』に、

貞孝御調進節分御舟、絵所は一両年上京小川扇屋にて令書之訖　又其後狩野法眼弟子に峠右近と申仁御被管人御扶持人候　其峠にかかせられ候　又其後公□様光源院殿御代に某福山新五郎時御船の絵の事公□様朽木より御上洛二條妙覚寺に被成御座候　其時貞孝様は

御宿妙薬寺と申所に御座候　公□様と□台様は大引合御舟二ツ又御造子御所々々様は小引合上﨟中﨟御末女迄は杉原□入次第およそ調進或時節分御伺書候て御入候へば御所々様の御舟不足にて俄に福山給付持て参れとの御使被下二條春日御局さま御えんにて御舟を書申候　彼節分御舟相阿彌むかし給図あり　それにて調申候

とあり、貞孝は伊勢守貞孝、室町幕府の典礼故実の家柄で大永から永禄頃の人。光源院とは足利十三代将軍義輝である。室町御所では節分の夜に宝船の絵を枕の下に敷いて眠る儀礼的習慣があり、小川扇屋が宝舟の図を描いて納めたが、後に幕府絵所の狩野法眼の弟子峠右近が描いた。義輝の時代には福山新五郎が描いたが、将軍、御台所様、御曹子の方々、上﨟、中﨟、御末の者たちにまで宝船の絵を配るので往々足りなくなり、御局様のいる御椽で慌てて追加揮毫することもあったというのである。『慶長見聞集』にも、

節分の夜鬼は外へ福は内へとおさめ煎豆をかぞえ舟をえがきて敷などするを鬼やらい共歌連歌に詠ぜり、是は大内にてのまつりごと万民これを学べり

とあり宮中でも節分の夜は豆撒きをし宝舟の絵を枕の下に敷いて寝たので、庶民もこれに倣ったとしている。江戸時代の『滑稽太平記』にも、

試毫評判の條回禄巳後麁相なる家居に越年をしてせめての祝儀にや去年たちて家居もあらた丸太哉（卜養）　たからの舟も浮ぶ泉水（玄札）　この宝舟は種々の宝を舟に積たる処を絵にかきて　なかきよのとをのねふりのみなめざめなみのりふねのをとのよきかなと

いう廻文の歌を画添て元日か二日の夜敷寝に悪き夢を川へ流す呪事《まじないごと》なりとぞ　又年越の夜も敷ことあり　故に冬の季ともいひたり　然るに二ツある物は前するを季に用ゆ新年をとどむるためなれば此理近かるべしといへるもあり　されども玄札老功たり既に脇する時は如何にも春たるべしといへるも有けり（回禄以後は万治元年なり）　これをみればば江戸にはそのかみより元日か二日を用ひしなり　両日定まらざりしにや　船の絵内裏より公卿に賜るは二日なりとぞ　かゝる故なるべし

とある。右の回禄とは明暦三年の江戸の大火をいう。こうして江戸時代は宝船を枕の下に敷くことが民間においても定着したが、寺社で宝船の刷り物をうけて来る労を省くために、宝船売りという職業がこの日だけ行われたが、どこの家庭でももとめるために町家の若旦那たちが遊び半分にこれを行った。小粋な縞の着物に尻をからげ股引に白足袋に雪駄、頭に手拭を乗せて、小唄でならした声はり上げて、「お宝、お宝、エー宝船、宝船」と叫んで町を流した。その様子は菊池貴一郎の『江戸府内絵本風俗往来』にも記されている。

宝船売り
（『絵本風俗往来』より）

七福神乗合船の図の上に長き夜のとうの睡りのみな目ざめ波のり船の音のよきかなといふ歌を当時駿河半紙といひし紙半枚に墨摺にしたるを売り来る二日の正午過る頃より夜にか

けて売者繁し。お宝お宝、エー宝船々々と呼ぶ声町屋敷前共聞へざるはなし。此宝船を枕の下へ敷きて二日の夜に眠れば初夢の吉兆を見今年の開運といふ。又宝船を売り歩けば身の幸福を得るとて随分身柄よき若旦那達の道楽に出けるもありて、知れる家に呼止られ互に笑ふなどもありたり。又は職人衆の宝船売のお得意へ呼入られ御酒の幸いに預りて端唄清元の隠芸の役に立など二日の宵の口にありたり

として正月初頭の風物詩にまでなった。この七福神に財宝米俵を満載した宝船の絵を売り捌くのは、東京下町では昭和の初頭まで見られたが、現在では一部の神社でお符としてだされる程度となった。

熊手

熊手とは武器にもあるが普通は落葉掻きの竹製のものである。これが金銭を掻き込むという欲張った縁起から酉の市で売られるようになり、小は稲穂とお符をつけたものから、大は竹を裂いて広げた面に、宝船に七福神、千両箱に大福帳、おかめの面などを取り付けたものまであり、商家や事業家、水商売の家から一般家庭の者まで縁起物として買い、家の長押に飾る風習があった。天保三年（一八三二）の『東都歳事記』の十一月酉の日の項に、

酉の日　〇酉の祭　酉のまちは酉のまつりの縮語なり。酉の町と書るは拠なし。又酉の

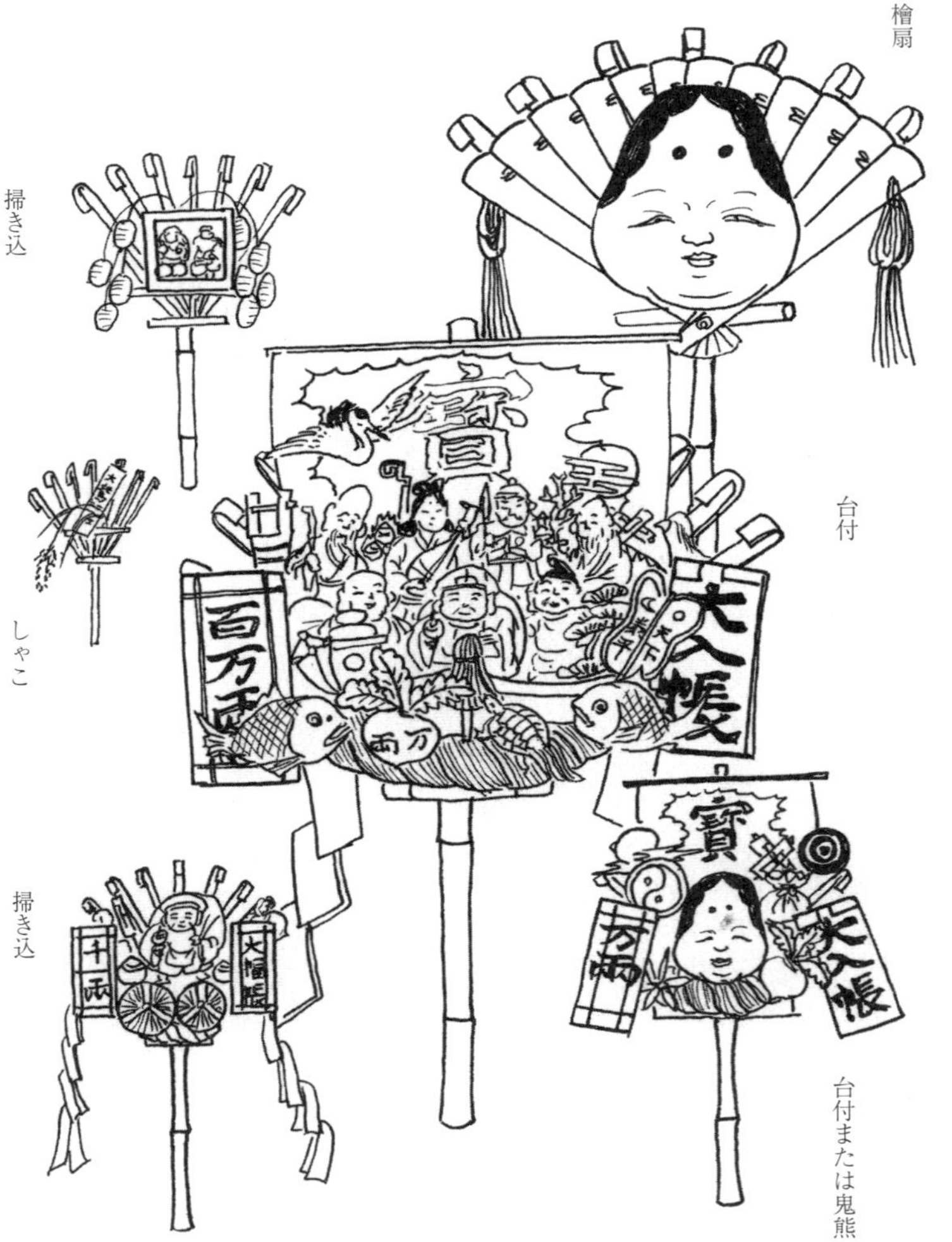

檜扇
掃き込
しゃこ
台付
掃き込
台付または鬼熊
大入帳

酉の市の熊手（明治時代）

市ともいう。二の酉、三の酉ともに参詣あり。
葛西花又村鷲大明神社　別当正覚院、世俗大とりという。参詣のもの鶏を納む。祭り終りて、浅草寺観世音の堂前に放つ。境内にて竹把《くまで》・粟餅・芋魁《いもがしら》を售う。江戸より三里あり。下谷田圃鷲大明神社　別当長国寺、世俗しん鳥《とり》という。今日開帳あり。近来参詣群集する事夥し。当社の賑へる事は今天保壬辰より凡五十余年以前よりの事とぞ。粟餅・いもがしらを商う事、葛西と同じ。熊手はわきて大なるを商う。中古は青竹の茶筅にして鬻ぎしという。

とあり、葛飾の花又村の鷲大明神が元であったが、遠いので吉原遊廓脇の鷲大明神の方が栄えてしまった。鷲大明神は隣の長国寺が別当であったが、明治元年五月の神仏分離令で独立して鷲神社というようになった。伝承では日本武尊が東征のときに日鷲社に祈願したのが酉の日であったといい、また日蓮聖人が文永三年（一二六六）に、安房国長生郡長地庄の小早川左衛門大夫の家に滞在して祈願したときに、鷲に乗る破軍星が出現したのを長国寺に勧請したともいわれ、鷲は鳥であり、大鳥は大捕りにこじつけて江戸時代頃より熊手を売るようになったのであるが、明治の末頃からこの熊手に縁起をかついで飾り立てるようになった。

　熊手は三寸ぐらいからあり、これを「しゃこ」というが、六寸、八寸、尺、尺二、尺三、尺五、二尺、三尺としだいに大型となり装飾が甚だしくなる。小型のものを「掃き込」といい、鬼熊、檜扇、台付と大型になる。

掃き込は一番小型で三寸ぐらいで、竹の半ばぐらいまで裂いて先を鈎として曲げ、なかに枡をおき、枡のなかに土製練物に安物の金箔を貼った恵美寿・大黒像が貼りつけられ稲穂がついている。熊手で掻き集め枡ではかる意味で、財宝・米穀の福の神大黒と、豊漁豊穣の福の神恵美寿がおさまっているのであるから縁起がよい品である。

鬼熊とは熊手の粗く開いたもので、鬼熊手の名の略であるが、一尺から二尺ぐらいのものもあって、中央に三平二満お多福の面、左右は売上げを記帳する大福帳や千両箱、上方に的の中心を射抜いた矢（当り矢）をつけている。

次に大型のものや二尺ぐらいでも凝ったものは檜扇といって、開いた熊手の面に檜扇を結びつけ、その中央にお多福面、左右に大福帳と千両箱を積んだものである。

台付は一尺ぐらいからあるが、熊手の元の方に注連縄を綴じつけ、それに竹串のついた七福神や宝尽くし、宝船の舳と帆などを注連縄に差し込んで飾り立てる。台付は一番賑やかで一尺ぐらいから三尺幅もあるが、大きいと熊手の柄の長さを入れると二メートルほどにもなる。

これらの飾り物は差し物といって、厚紙を切り抜き（最近は型抜き）、泥絵具で彩色し、ニスを塗って色留めした毒々しい色彩のものである。

このように福に関する縁起物には、宝船、七福神、恵美寿大黒の組物が必ず表現され、特に大黒天は絶対に欠かせぬ存在となっているのは、大黒天が民間信仰のなかでは福神として最たるものという認識が強いからであろう。

おわりに

仏神のなかの諸天について著者なりに探っているうちに、いつか版を重ねてしまった。仏教に首を突っ込むなら、はじめは仏陀から入らなければならないのが常道であるが、仏教の真理の悟りや深遠な教えを理解するにはあまりにも歳をとりすぎて時間的、環境的に余裕がなくなってしまっていた。

仏教の本質については昔より多くの名僧智識が唱導し、現代においても高僧学者が懇切に説き教え、宗教学的にも哲学的にも余すところなく発表されている。したがってそれらのことはおいて筆者が仏教のなかで注目したのは天部に属する神々である。

天部の神は仏教神のなかでは下位におかれている。それは仏教が興隆する時点で、仏教以前に信仰されていたバラモン、ヒンドゥーその他のインド神話に出てくる宇宙観から生じた神、自然神、土地神などの存在を無視できないところから仏教のなかに取り入れて、これらの神が仏法の広大無辺の慈悲に帰依して仏法護持の神、つまり護法神としたために、神の立場として低いランク付けにされたのである。

だから人間社会を見るように最も生々しい神の性格が残存している。その人間的生臭さが神として魅力であり、人間がそうした神に親しみやすい理由がある。インドもネパール・チベットにおける神もそうである。

故に天部にふくめられた神はほとんど現世利益の神であり、現世利益を願い、また叶えてくださる神であるからこそ民衆の支持が強いのである。いわゆる民間信仰的要素が強い。

そのうえに日本の宗教観には独特のものがあって、現世利益を強く望むが、そのイメージすらも都合よくつくり上げていく体質があり、日本に入ると日本古来の神と習合したりして性格も形貌もいろいろと変わり、ときには多岐に派生して独特の仏神を生み出したり、勝手に天部の神が菩薩に昇格したりする。

秘密に信仰するための手段であることにもよるが、キリストの生母マリアがマリア観音として信仰でき得る方便と体質をもっている民族であるから、日本的仏神を完成させていくことは当然であり、むしろその方が信仰の拠り所として親しみやすかったのである。つまり日本の宗教は神道・仏教をふくめて、世界中の宗教のなかでは特異の信仰といえるし、また信仰上手ともいえる。信仰とはそれであってよいと思う。

前に天部の神について幾冊かを発表したが、僧家から発表したものでないので随分思い切ったことも書ぎ、それがまた読者の好評を得た。

本書もそのシリーズの一つであるが、こうした稗史的宗教に関する書を引き続いて刊行していただけたのは、三十数年来知遇を得ている雄山閣社長長坂一雄氏、長い友情によっていつも激励して下さる専務取締役芳賀章内氏のご理解と編集と整理および諸連絡をとっていただいた田辺喜美子氏の労によってまとまったものである。

末尾ながら、ここに右の各氏に深甚の謝意を表して擱筆する次第である。

平成五年水無月十六日

大蔵山龍仙泊に於て

笹間良彦

【著者紹介】

笹間良彦（ささま　よしひこ）

1916年、東京に生まれる。文学博士。
日本甲冑武具歴史研究会会長を務め、『図解日本甲冑事典』『甲冑鑑定必携』『江戸幕府役職集成』『足軽の生活』『弁才天信仰と俗信』『好色艶語辞典』（以上、雄山閣刊）ほか、著書多数。
緻密な取材、調査からなる文筆とともに、詳細に描かれたイラストは臨場感を伴いながら、写真では再現できない時代を描写することで定評がある。2005年11月逝去。享年89。

令和元年6月25日 初版発行　《検印省略》

新装版　大黒天信仰《だいこくてんしんこう》と俗信《ぞくしん》

著　者　笹間良彦
発行者　宮田哲男
発行所　株式会社 雄山閣
〒102-0071　東京都千代田区富士見2－6－9
電話 03-3262-3231㈹　FAX 03-3262-6938
http://www.yuzankaku.co.jp
E-mail　info@yuzankaku.co.jp
振替：00130-5-1685

印刷・製本　株式会社ティーケー出版印刷

Printed in Japan 2019　ISBN978-4-639-02653-2　C0015
N.D.C.200　198p　19cm

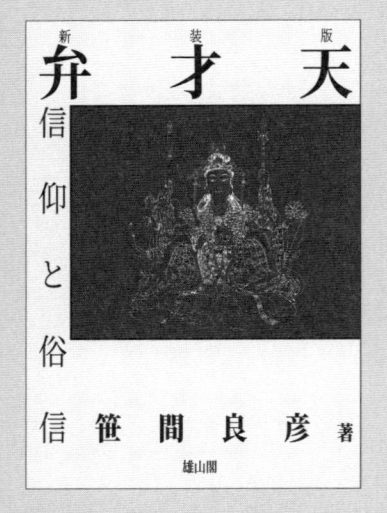

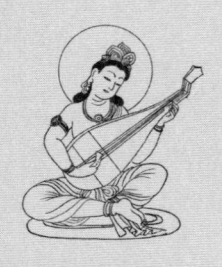

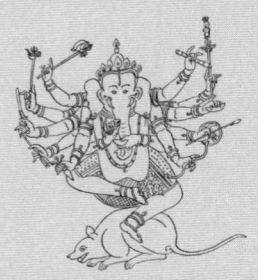

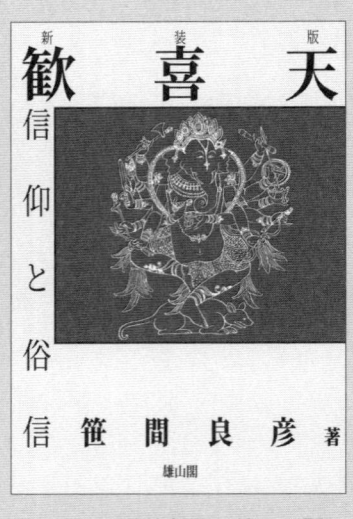